Die Wikinger

Krieger • Seefahrer • Händler

Britta Nurmann
Carl Schulze
Torsten Verhülsdonk

VS-BOOKS

Danksagung

In erster Linie möchten wir allen Reenactors und Reenactmentgruppen danken, die uns bei der Erstellung dieses Bildbandes mit Rat und Tat zur Seite standen und bei Fototerminen bereitwillig stillhielten. Wir verzichten an dieser Stelle auf die Nennung der zahllosen Namen. Besonderer Dank geht an Frank Wiedemann, der uns mit Hintergrundmaterial versorgte und viele Fragen klärte. Für die Leihgabe von Fotos danken wir Frau Melanie Donus sowie der Firma Dawn of Time Crafts, Ivor & Simone Lawton, 18 Anne Close, Brightlingsea, Essex L07 0LS, England, die frühmittelalterliche Ausrüstung für Reenactors und Museen herstellt und uns freundlicherweise Fotomaterial hiervon zur Verfügung stellte.

Die Autoren

In Vorbereitung

Die Deutsche Infanterie im Ersten Weltkrieg
Uniformen, Ausrüstung und Bewaffnung

Ritter und Söldner im Mittelalter
Waffen, Rüstungen und Kampfweise des 14. und 15. Jahrhunderts

Allied Command Europe Mobile Force (Land)
Auftrag, Einheiten und Ausrüstung der „NATO-Feuerwehr“

Die Deutsche Bibliothek - CIP Einheitsaufnahme

Die Wikinger : Krieger, Seefahrer, Händler / Britta Nurmann ; Carl Schulze ; Torsten Verhülsdonk.
- Herne : VS-Books, 1997
ISBN 3-932077-01-6

ISBN 3-932077-01-6

Verlag: VS-BOOKS Carl Schulze, Postfach 200540, 44635 Herne

Inhalt

Vorwort

Was wissen wir über Wikinger? Obwohl sie zwischen dem 8. und 11. Jahrhundert ganz Europa sowie Teile Nordamerikas und des Orients als Händler oder Krieger bereisten und von allen Völkern als Gegner gefürchtet waren, gibt es über die aus dem skandinavischen Raum stammende Völkergruppe im Gegensatz zu viel früheren Kulturen wie der römischen nur wenige gesicherte Informationen. Das gesamte Wissen, das man heute über die Wikinger hat, basiert auf drei Quellbereichen: Archäologische Funde, schriftliche Überlieferungen, die im Regelfalle nicht von den Wikingern selber stammen, und den nordischen Sagas, die zum großen Teil nur mündlich überliefert und erst im 12. und 13. Jahrhundert niedergeschrieben wurden. Aus den archäologischen Fundstätten wie zum Beispiel Haithabu, Moosgard, Birka, Roskilde, Trelleborg, Lindholm Hoeje, Gokstad, Skuldelev, Oseberg, York und Gjermundbu liegt eine Fülle von Material vor, das zwar unter Einbeziehung der oben genannten Textquellen viele Teile der Wikingerkultur aufzeigt, gleichzeitig aber auch neue Fragen aufwirft. Oftmals wird durch falsche Interpretationen oder die Glorifizierung von Elementen der Wikingerepoche ein unwirkliches Bild des Wikingers geprägt, das ihm nicht gerecht wird.

In diesem Buch soll anhand einer Vielzahl von Fotos, die bei Veranstaltungen der Wikinger-Reenactment-Szene aufgenommen wurden, ein Einblick in die Epoche der Wikinger vermittelt werden, wie er mit leblosen archäologischen Fundstücken nicht möglich ist. Die Reenactors sind stets bemüht, durch die Auswertung aller existierenden Quellen ein so authentisches Bild wie möglich zu erzielen. Allerdings beinhaltet das Wort Reenactment nicht nur das stupide Nachbauen von Fundstücken, sondern ist vielmehr ein Hobby, bei dem eine Epoche wiederaufersteht. Jeder Darsteller erschafft sich seine eigene Wikingerfigur, indem er das existierende Wissen und bekannte Fundstücke in Zusammenhang stellt und dabei Bekleidung und Ausrüstung entwirft, die zwar vielleicht so nie gefunden wurde, aber doch typisch für die Epoche ist. Gerade im Bereich des Schmuckes werden alte Handwerkstraditionen wiederbelebt und neue Schmuckstücke in alten Stilen geschaffen. Die Probleme der einzelnen Gruppen beginnen hier in der Regel aber schon bei der Beschaffung authentisch gewebter und gefärbter Stoffe. Oftmals erweist sich auch die Zusammenarbeit mit Museen und Archäologen als schwierig, so daß es nur selten möglich ist, direkten Zugang zu Fundstücken zu erlangen, die in den Magazinen der Museen vor sich hinstauben. Weitere Probleme für die Szene ergeben sich aus den Vorführungen selbst, so ist es noch relativ einfach, eine genaue Nachstellung eines Handwerkers und seiner Tätigkeiten zu bieten, soll jedoch eine Schlacht aus der Wikingerzeit nachgestellt werden, so scheitert eine exakte Darstellung an für die Reenactor lebenswichtigen Sicherheitsbestimmungen, zu denen unter anderem auch das Tragen dikker Schutzhandschuhe gehört, die aus der Wikingerzeit nicht belegt sind, sowie das Verbot von Schlägen auf den Kopf, der im Frühmittelalter aber eines der vorrangigen Ziele bildete. Auch existieren nur wenige Nachbauten von Schiffen aus der Wikingerzeit, deren Instandhaltung sehr aufwendig und teuer ist, und daher verfügen nur wenige, größere Reenactmentgruppen und einige Museen über eigene Schiffe. Trotz dieser Probleme gelingt es der europäischen Wikinger-Reenactment-Szene alljährlich immer wieder mit einer Vielzahl von Veranstaltungen in ganz Nordeuropa, Zuschauer in den Bann des Frühmittelalters zu ziehen und dabei die oben erwähnten Irrtümer in Sachen Wikinger durch fundierte Informationen zu ersetzen. Nicht selten kommt es bei solchen Veranstaltungen vor, daß durch den Einsatz nachgebauter Fundstücke erst deren reale Bedeutung sowie die wahrscheinlichste Anwendungsweise bekannt wird oder Vermutungen über die Anwendung widerlegt werden. Wir wünschen der Reenactmentszene, in der wir während der Arbeiten für dieses Buch viele Freunde gewonnen haben, weiterhin alles Gute bei der Darstellung lebendiger Geschichte und hoffen, daß sich in der Zukunft die Zusammenarbeit zwischen Archäologen und Reenactors weiter verbessern wird.

Die Autoren

Zwischen dem 8. und 11. Jahrhundert zitterte ganz Europa vor den skandinavischen Völkern, die mit ihren Schiffen die Küsten heimsuchten, plündernd und verwüstend. Doch die Wikinger waren nicht nur kriegerische Räuber und Piraten, sondern auch geschickte Seefahrer und Händler, die ganz Europa bereisten.

Einleitung

Im Altnordischen bedeutet das Wort Wiking soviel wie Raubzug, Überfall oder Piraterie, und Wikinger steht für Seeräuber und Piraten. Zwar hat sich dieser Begriff heute zu einem Pseudonym für die nordischen Völker des 8. bis 11. Jahrhundert entwickelt, es wurde aber selten im Frühmittelalter verwendet. In ganz Europa war eher der Begriff „Nordmänner“, der später im Begriff Normanne wieder auftaucht, für die Skandinavier gebräuchlich, die oftmals nicht nur als Räuber und Krieger sondern auch als Händler die Küsten ganz Europas und darüber hinaus befuhren. Aber auch „Rus“ und „Waräger“ sind Bezeichnungen, die Schweden, Dänen und Norweger sowie auf Grönland und Island siedelnde Angehörige dieser Volksstämme vorwiegend von Völkern im Osten bekamen.

Doch warum verließen die Skandinavier ausgerechnet im 8. Jahrhundert so zahlreich ihre Heimat, plünderten Landstriche in ganz Europa und siedelten in vielen Teilen Europas wie in Frankreich, England, Irland und Rußland? Wesentlicher Grund hierfür ist wohl die Überbevölkerung, die dazu führte, daß brauchbares Siedlungs- und Ackerland knapp wurde. Überdies waren im skandinavischen Raum für Ackerbau die Böden sowieso ziemlich ungeeignet und weite Teile des heutigen Dänemarks waren dicht bewaldet. Ähnlich sah es auch in Norwegen und Schweden aus, so daß oftmals die auf einzeln liegenden Höfen lebenden Wikinger nur knapp ihren Lebensunterhalt hatten, was nicht selten dazu führte, daß sie sich diesen durch von Zeit zu Zeit wiederkehrende Raubzüge aufbesserten, die dann zur Gewohnheit wurden, da man sich an die reichen Silberschätze des weitgehend christlichen Europa gewöhnt hatte. Viele, die beim ersten Raubzug fruchtbares Land antrafen, blieben gleich in der neuen Heimat oder kamen beim zweiten Überfall mit ihrem gesamten Hab und Gut. So siedelten die Norweger und Dänen im Atlantischen Raum, während die Schweden in die weiten slawischen Landstriche des heutigen Rußland wanderten. Am meisten wurden die britischen Inseln durch die Wikinger beeinflußt. Zwischen der ersten Plünderung des Klosters Lindisfarne durch norwegische Wikinger 793 und der Errichtung des Danelag, eines unter norwegischer Herrschaft stehenden Siedlungsgebietes, das ganz Mittelengland umfaßte, lagen nur 72 Jahre. Zwar eroberten die Engländer unter König Edward dem Älteren das Danelag bis 924 zurück, doch gelangten immer wieder Wikinger nach England und gründeten Königreiche wie York, das erst 954 durch König Eadred zurückerobert wurde.

Auch in Irland wurden die Wikinger zwar 902 vertrieben, haben aber eine Vielzahl der heutigen irischen Städte gegründet. Das Wort „vertrieben“ ist im Grunde schlecht gewählt, denn sowohl in England als auch in Irland blieben viele Skandinavier als Siedler zurück, die hier von ihrem heidnischen Glauben zum Christentum übergetreten waren. Auch im heutigen Rußland und dem Karolingerreich vermischten sich die Wikingersiedler mit der ursprünglichen Bevölkerung. Wikinger, die zum Christentum übergetreten waren, kehrten mit Mönchen

zurück, die nun den christlichen Glauben verbreiteten. Hierbei versuchten die Mönche zuerst, die Könige zu bekehren, was ihnen oft auch gelang. Doch nicht immer konnten die Herrscher dann auch ihren Untertanen den neuen Glauben nahebringen, zumal sie es oft mit Zwang versuchten, wie Olaf Tryggvason in Norwegen. Olaf büßte sein brutales Missionieren bei der Schlacht von Svold mit dem Leben, als seine Flotte durch einen Bund Altgläubiger geschlagen wurde.

Im Gegensatz zu Dänemark, welches schon seit Beginn des 8. Jahrhunderts ein eigenes Königreich war, zu dem auch Teile des heutigen Südschweden gehörten, wurde Norwegen erst durch König Harald Schönhaar gewaltsam geeint und gilt erst seit 900 als Königreich. Wikinger, die vor Harald flüchteten, siedelten in Island und errichteten dort eine Demokratie mit dem sogenannten Allthing, einer Versammlung aller erwachsenen Männer. Der wohl mächtigste König war Knut der Große, der 1014 die Thronfolge seines Vaters Sven Gabelbart antrat und bis 1035 König von England, Norwegen und Dänemark war. Wie Münzfunde belegen wurde er wahrscheinlich auch in Schweden als Oberhaupt anerkannt. Doch zerfiel sein Reich schon kurze Zeit nach seinem Tode 1035.

Durch ihre schnellen Schiffe mit wenig Tiefgang gelang es Wikingern, weite Strecken sowohl auf hoher See als auch auf Flüssen zurückzulegen. Da die erfahrenen skandinavischen Seefahrer über gute Navigationskenntnisse verfügten, konnten sie oft überraschend von See her auftauchen, wie beim oben erwähnten Überfall auf Lindisfarne, ein englisches Kloster und Zentrum des

(Links, außen) Das Wort Wikinger umfaßt die skandinavischen Völker wie Norweger, Schweden, Dänen, Isländer und Grönländer. Neben Plünderfahrten und Eroberungszügen ins übrige Europa standen sich die Wikinger auch untereinander bei vielen Gelegenheiten als Feinde gegenüber. Diese Feindseligkeiten umfaßten von Überfällen auf die Nachbarn bis hin zur mehrfachen Eroberung Norwegens durch die Dänen die ganze Palette bewaffneter Auseinandersetzungen. Mehr als einmal endete der Griff nach der Königswürde oder der Versuch, den heidnischen Glauben zu verbieten, in blutigen Schlachten.

(Links) Falknerei wurde im Frühmittelalter schon an normannischen und karolingischen Höfen betrieben, so daß sie den Wikingern bekannt war. Da es sich hierbei jedoch eher um einen Zeitvertreib für Adlige handelte und somit weniger in das zweckbezogene und dem täglichen Existenzkampf unterlegenen Weltbild der Wikinger paßte, werden erst nach der Siedlung in der Normandie und der Einführung des Feudalsystems im normannischen Reich Wikinger sich der Beizjagd gewidmet haben.

(Oben) Neben dem Wikingerschiff und der Langaxt ist das dritte weltbekannte Merkmal der Wikinger der Rundschild, der allerdings im Frühmittelalter von fast allen europäischen Völkern verwendet wurde. Dieser Wikinger könnte an einem der zahllosen Lager, welche von den nordischen Völkern bei ihren Verheerungen in Europa eingerichtet wurden, Wache stehen. 860 zum Beispiel lagerten Wikinger in aller Seelenruhe auf der Insel Jeufosse bei Paris im sicheren Wissen, daß die am Ufer der Seine stehenden fränkischen Truppen sie auf der Insel nicht erreichen konnten. Zwar brachen die Wikinger ihre Expedition flußaufwärts anschließend ab, aber 886 wurde Paris belagert.

angelsächsischen Christentums. Wikinger fuhren alle Flüsse Europas hinauf und plünderten unter anderem Städte wie Paris, Mainz, Trier und Köln. Aber auch im Kaspischen Meer, schwarzen Meer und Mittelmeer waren plündernde Wikingerflotten unterwegs. Händler erreichten Byzanz über die russischen Flüsse, wobei oft die Schiffe über Land getragen werden mußten.

Eine weitere Folge der Wikingerbesiedlung war die Entstehung der Normandie, als der westfränkische König 911 Land an ein Wikingerheer unter Rollo abtrat. Später versuchten die Franken verschiedentlich, die „Normannen" zu vertreiben, scheiterten aber an den zu mächtig gewordenen Baronen. Die Normannen ihrerseits eroberten 1066 England und Wilhelm der Eroberer wurde, nachdem er das englische Haus geschlagen hatte, 1066 König von England und der Normandie. Aber auch er war nicht allmächtig und mußte, als Nachfahre eines Wikingers, der anstelle von Danegeld Land erhalten hatte, selbst 1067 Danegeld an König Sven Estridson von Dänemark zahlen. Dies war jedoch der letzte erfolgreiche Überfall auf England, und in ganz Europa waren aufgrund der praktisch abgeschlossenen Christianisierung Skandinaviens die Aktivitäten der Wikinger als Sklavenhändler, Räuber, Krieger und Siedler beendet. Das Europäische Augenmerk richtete sich nun auf das heilige Land, 1096-99 fand der erste von vielen Kreuzzügen statt, an dem auch dänische, norwegische und schwedische Krieger teilnahmen.

(Oben) Der Gesichtsausdruck sowie das gesamte Aussehen dieses Reenactors drücken die Entschlossenheit sowie Mut bis hin zur Tollkühnheit aus, welche man den Wikingern im Frühmittelalter nachsagte und derentwegen man vor ihnen großen Respekt, oft auch Todesangst hatte. Zur damaligen Zeit allerdings war das Wort Wikinger nicht gebräuchlich, man sprach von Nordmännern und die Wikinger selber sahen sich als Schweden, Dänen, Norweger usw. Die Bezeichnung Wikinger hätten sie auch als wenig schmeichelhaft empfunden, leitet sie sich doch vom altnordischen Wort für Seeräuber ab, und sie hätten es wahrscheinlich handfest beantwortet, hätte man sie offen so genannt. Das Wort Wiking für Plünderfahrt hingegen war gebräuchlich und bezeichnete die alljährlich wiederkehrenden Fahrten nach England, Irland, Frankreich, Friesland und wo immer Wikinger sonst noch plünderten.

(Links) Entgegen der landläufigen Meinung, daß die schmalen, schnellen und seetüchtigen Langboote der Wikinger alle mit Drachenköpfen versehen waren, weiß man heute, daß solche Verzierungen nur an ganz wenigen großen Kriegsschiffen vorhanden waren. So verfügt das hier abgebildete Schiff der Reenactmentgruppe „Regia Anglorum" nicht über Drachenköpfe, und auch bei der Invasionsflotte Wilhelms des Eroberers, deren Bau der Teppich von Bayeux zeigt, ist lange nicht jedes Schiff so verziert.

(Oben) An den Handelsplätzen in ganz Europa bis hinunter nach Byzanz war dies ein vertrautes Bild: Zwei Schiffe skandinavischer Händlern sind angekommen und die Insassen bereiten sich darauf vor, mit ihren Waren an Land zu gehen. In Sachen Unternehmungsgeist standen die Wikingerhändler den Kriegern in nichts nach, und meistens kamen die Plünderer erst dann in ein Gebiet, wenn Händler zu Hause vom Reichtum und der schlechten Verteidigung der bereisten Länder erzählten.

(Rechts) Auch heute noch hält sich hartnäckig das Bild vom rauhen Wikinger im Bärenfell, der einen Helm mit Hörnern trägt und sein Schiff mit Drachenköpfen verziert. Manche dieser Klischees gründen zumindest in wissenschaftlichen Erkenntnissen, wieder andere aber sind schlicht falsch. Insbesondere der Hörnerhelm ist ein Beispiel für Letzteres: Wenn der Wikingerkrieger überhaupt einen Helm besaß, so war dieser in der Regel relativ schmucklos und eine aufwendig gestaltete Helmzier, wie sie die Vorfahren der Wikinger noch kannten, ist aus dem 8. bis 11. Jahrhundert nicht belegt.

Zeittafel 789 - 1085

789 Tötung eines Abgesandten von König Beorhtric durch Wikinger
792 Der angelsächsische König Offa beginnt, eine Verteidigung Kents gegen Wikinger zu organisieren
793 Überfall norwegischer Wikinger auf das Kloster Lindisfarne in England
795 Überfall von Wikingern auf das Kloster Iona in Irland
799 Wikinger plündern im Mündungsgebiet der Loire
800 bis 900 Wikingerangriffe führen zum Zerfall aller angelsächsischen Königreiche mit Ausnahme von Wessex
806 bis 850 Schwedische Wikinger besiedeln als kriegerische Kaufleute Gebiete um den Ladogasee und gründen dabei Novgorod
808 König Göttrik von Dänemark zerstört die slawische Handelsstadt Reric und siedelt in unmittelbarer Nähe die gleichen Kaufleute im neu gegründeten Haithabu an
810 Dänische Wikinger überfallen die karolingische Provinz Friesland
830 Die Wikinger dringen auf ihren Plünderfahrten ins Innere Irlands vor
834 bis 837 Dorestad in Friesland wird jährlich geplündert
835 In Wessex gelandete Wikinger werden vom westsächsischen König Egbert geschlagen
835 Noirmoutier an der Loire wird geplündert
840 Die Wikinger beginnen, in Irland zu überwintern
841 Ein befestigtes Wikingerlager am Liffey wird zum Keim des späteren Dublin
841 Rouen wird geplündert
842 Quentowic wird geplündert
843 Plünderung von Nantes, die Wikinger überwintern erstmalig im Frankenreich
844 Wikingerschiffe auf der Garonne
844 Wikinger erobern Sevilla, werden aber nach einer Woche unter schweren Verlusten von den Mauren vertrieben
845 Plünderung von Paris, Karl der Kahle zahlt 7000 Pfund Silber für den Abzug der Wikinger, die erste von 13 Zahlungen bis 926
845 Zerstörung Hamburgs durch Wikinger
830 bis 850 Wiederkehrende Überfälle durch Wikinger an der südenglischen und französischen Küste
851 Auf der Insel Thanet überwintert erstmals ein Wikingerheer in England
852 Schwedische Wikinger fordern Danegeld von den Bürger Novgorods
855 bis 856 Wikinger überwintern auf der Insel Sheppey
858 Schwedische Wikinger gründen Kiew
859 bis 862 Eine Wikingerflotte plündert Küstenstädte im Mittelmeerraum
860 Wikinger greifen Miklagard, d.h. Byzanz, erfolglos an. Weitere Plünderungsversuche folgen 907, 941, 944
860 (ca.) Norwegische Wikinger entdecken Island
862 Wikinger plündern Köln
863 Überfall auf Xanten
865 Das ‚große Heer‘ erreicht England auf der Suche nach Siedlungsmöglichkeiten und erkämpft in den nächsten Jahren das Danelag
865 Die Einwohner von Kent zahlen das erste Danegeld an Wikinger
866 Wikinger nehmen die Stadt York ein
866 bis 867 Salomon, Herzog der Bretagne schlägt die Franken bei Brissarthe unter der Mithilfe wikingischer Söldner
870 (ca.) Harald Schönhaar vereinigt Norwegen und wird alleiniger Herrscher
870 bis 930 ‚Landnahme‘ in Island
872 (ca.) Seeschlacht von Hafrsfjord zwischen Harald Schönhaar und einem Bündnis nord- und westnorwegischer Grundbesitzer
877 Die angelsächsische Provinz Mercia fällt an die Wikinger
879 Die angelsächsische Provinz East Anglia fällt an die Wikinger
881 Aachen, Worms, Mainz, Metz, Bonn und Köln werden durch Wikinger überfallen
882 Vereinigung von Novgorod und Kiew zum Großreich der Rus durch Oleg den Weisen
882 Wikingerüberfall auf Trier
884 Ein Friedensvertrag zwischen Angelsachsen und Wikingern legt die Südgrenze des Danelag fest
885 Belagerung von Rochester
886 Wikinger belagern Paris
887 bis 888 Das ‚große Heer‘ zerstört Teile des Frankenreiches
891 Die Ostfranken schlagen in Belgien ein Wikingerheer
894 König Alfred blockiert Wikingerlager in Appledore und Milton und erreicht deren Abzug
896 Die Flotte von König Alfred zerstört drei Wikingerschiffe an der Küste von Hampshire

899 bis 924 König Edward der Ältere erobert das Danelag zurück
902 Die Iren vertreiben die Norweger aus Dublin
910 bis 912 Wikinger betätigen sich im Kaspischen Meer als Piraten
911 Der Wikingerführer Rollo erhält die Normandie als Lehen
911 Ein Vertrag zwischen den Rus und Byzanz erwähnt erstmals Wikingersöldner in byzantinischen Diensten, um 988 stehen ca. 6000 Wikinger im Dienst von Byzanz
912 Herzog Rollo der Normandie wird getauft
917 Dublin wieder norwegisch
925 Erfolglose Belagerung von Maldon durch Wikinger
934 Heinrich der Erste besiegt den dänischen König Chnuba bei Haithabu
937 (ca.) Die Schlacht von Brunanburh zwischen Wikingern aus Irland und dem norwegischen Teil des Danelag auf der einen und Angelsachsen und Wikingersöldnern auf der anderen Seite endet mit dem Sieg der Angelsachsen
940 bis 954 York ist zeitweise unabhängiges Wikingerkönigreich
950 (ca.) König Hakon der Gute versucht Norwegen zu christianisieren
954 Eadred vertreibt den letzten Wikingerkönig Erik Blutaxt aus York, England ist wieder angelsächsisch
958 bis 987 Harald Blauzahn, Sohn Gorms des Alten, ist König vonDänemark, 965 wird er getauft und christianisiert Dänemark
960 bis 962 Harald Blauzahn stellt die dänische Herrschaft in Norwegen wieder her
974 Die Dänen werden von Kaiser Otto II geschlagen und das Danewerk, eine Grenzbefestigung, erobert. 983 erobert Harald Blauzahn das dänische Grenzgebiet zurück
980 Neuerliche Wikingerüberfälle auf England, diesmal allerdings große Heere auf der Suche nach Reichtum
980 Schlacht von Tara: Die Norweger unterliegen und sind den Iren fortan tributpflichtig
982 bis 985 (ca.) Erik der Rote erforscht Grönland
985 (ca.) Eine Flotte von etwa 25 Schiffen unter Erik dem Roten bricht von Island nach Grönland auf
985 (ca.) Bjarni Herjolfsson will mit Handelsware nach Grönland und erreicht stattdessen durch einen Navigationsfehler Nordamerika
987 bis 914 Sven Gabelbart ist König von Dänemark
991 Schlacht von Maldon: Ealdorman Byhrtnoths Truppen der Provinz Essex werden durch eine Wikingerarmee unter Olaf Tryggvasson und Thorkell dem Großen geschlagen, als Folge beginnt König Aethelred mit der Zahlung von Danegeld, bis 1015 wurden immer höhere Summen an Wikingerheere gezahlt
995 bis 1000 Olaf Tryggvason ist König von Norwegen. In der Seeschlacht von Svold wird er von Dänen und Schweden geschlagen und stirbt in der Schlacht
1000 (ca.) Durch Bjarni Herjolfssons Erzählungen angeregt, suchen auch Leif Erikson und sein Bruder Thorwald Vinland
1013 Sven Gabelbart erobert das Danelag
1014 Bei der Schlacht von Clontarf besiegen die Iren norwegische Wikinger
1014 Knut der Große, Sohn Sven Gabelbarts, besiegt in der Schlacht von Ashingdon ‚den Adel Englands' und errichtet ein anglo-nordisches Königreich auf der Insel
1015 bis 1016 Olaf Haraldsson der Heilige erobert Norwegen
1016 bis 1035 Regierungszeit von Knut als König von Dänemark und England
1028 Olaf Haraldsson wird aus Norwegen vertrieben und stirbt 1030 in der Schlacht von Stiklastad
1035 bis 1047 Nach dem Tod Knut des Großen wird Hardaknut (1035-1042) König von Dänemark und Magnus der Gute (1035-1047) König von Norwegen. Ihm gelingt es 1042 Norwegen und Dänemark erneut zu vereinigen. 1043 schlägt er die Slaven in der Nähe von Haithabu.
1047 bis 1066 Harald Sigurdson Hardrada ist König von Norwegen
1047 bis 1074 Sven Estridson ist König von Dänemark
1050 Zerstörung Haithabus durch Truppen Harald Hardradas
1062 Seeschlacht auf der Nissa
1066 Bei der Schlacht von Stamford Bridge wird das Wikingerheer von Harald Hardrada geschlagen und er selbst getötet
1066 Normannische Invasion Englands mit Niederlage der Angelsachsen bei Hastings
1067 Sven Estridson überfällt England, Wilhelm der Eroberer zahlt Danegeld
1085 Ein Überfall auf England durch den dänischen König Knut schlägt fehl

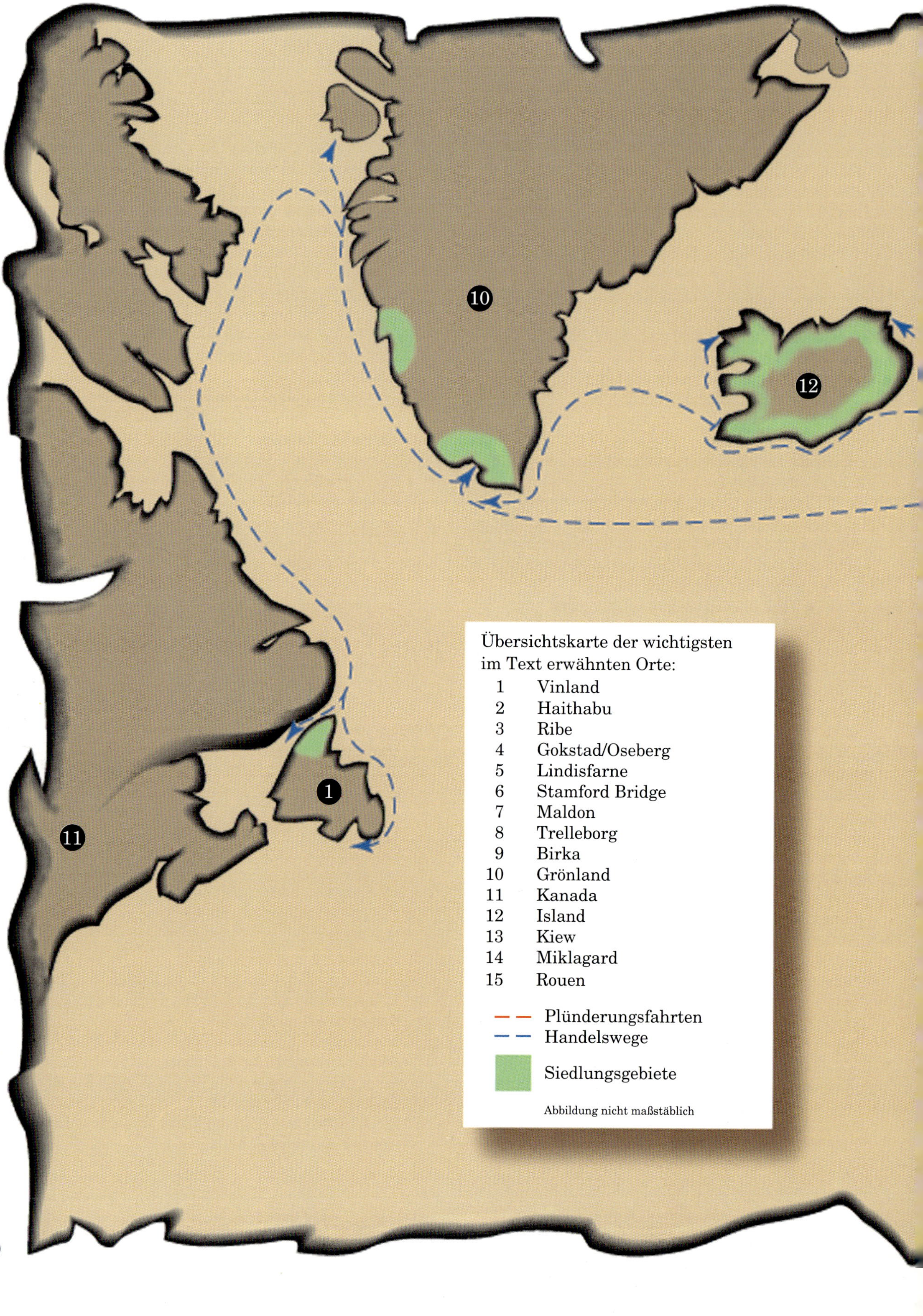
10
12
1
11
Übersichtskarte der wichtigsten
im Text erwähnten Orte:
1 Vinland
2 Haithabu
3 Ribe
4 Gokstad/Oseberg
5 Lindisfarne
6 Stamford Bridge
7 Maldon
8 Trelleborg
9 Birka
10 Grönland
11 Kanada
12 Island
13 Kiew
14 Miklagard
15 Rouen
Plünderungsfahrten
Handelswege
Siedlungsgebiete
Abbildung nicht maßstäblich

4
9
5
3
8
2
6
7
13
15
14

Einfacher Krieger

Die wenigsten Wikinger, die an den frühen Plünderfahrten teilnahmen oder Angehörige der späteren Wikingerheere waren, verfügten über großen Reichtum, um sich teure Rüstungen oder Waffen zu leisten. Vermutlich bestand das Gros der Kämpfer aus nur mit Axt oder Speer und Schild bewaffneten sogenannten Karls. Bei ihnen handelte es sich um freie Männer, die in ihrer Heimat eventuell Land besaßen, Waffen führen durften und dem Aufruf eines Jarls oder später Königs zu einer Plünderfahrt nach England oder dem kontinentalen Europa auf freiwilliger Basis Folge leisteten. Es gab aber auch Karls, die einem Hersir, also einem regionalen Führer, aus dem einen oder anderen Grunde verpflichtet waren und deshalb auf Wiking gingen. Für diese ursprünglich armen Bauern konnte eine erfolgreiche Plünderfahrt, so sie sie überlebten, den Erwerb von großen Reichtümern bedeuten, da das erbeutete Gut nach Abzug des Teils für den Schiffsbesitzer und eventueller Privilegierter gerecht unter der restlichen Besatzung aufgeteilt wurde.

Für seine Ausrüstung, die er auf die Plünderfahrt mitnahm, war er selber verantwortlich, so daß diese selten mehr als das auf seinem Hof vorhandene Material umfaßt haben wird. Es wird angenommen, daß jeder Krieger, der auf Wiking ging, sein persönliches Hab und Gut in einer trapezförmigen Holzkiste transportierte, die ihm an Bord der Wikingerschiffe auch gleichzeitig als Ruderbank diente. Während seiner Abwesenheit vom Hof führte seine Frau die dortigen Geschäfte weiter und seine Knechte erledigten die anfallenden Arbeiten und verteidigten notfalls den Hof.

(Links) Nur mit den im Haushalt vorhandenen Waffen wie der Axt und/oder dem Sax bewaffnet, erschienen wohl die meisten Wikinger in der Weltgeschichte. Doch machten sie ihre Unterbewaffnung durch den Überraschungseffekt des plötzlichen Erscheinens im Regelfalle wett. Zum Schutz trägt dieser Krieger einen Rundschild aus Holz, dessen Rand mit Leder bezogen und zum Schutz der Hand mit einem Schildbuckel aus Eisen versehen ist. Die Größe der Schilde war Funden zufolge unterschiedlich, als Faustregel kann wohl gelten, daß der Körper vom Schild verdeckt wurde. Ebenso wie die Schild- variierte auch die Buckelgröße.

(Rechts) Der Sax ist eine für Wikinger im Danelag und Irland typische Waffe, die sie von den Angelsachsen übernommen hatten. Nur wenige Saxe wurden in Skandinavien in Wikingergräbern gefunden, hier herrschte die Axt als Waffe und Werkzeug im täglichen Leben vor. Der Griff des abgebildeten Sax ist aus Horn gearbeitet und verfügt über eine Messingparierstange, die eher selten vorkam. Unser einfacher Krieger wird ihn beim Plündern in England oder Irland erbeutet haben.

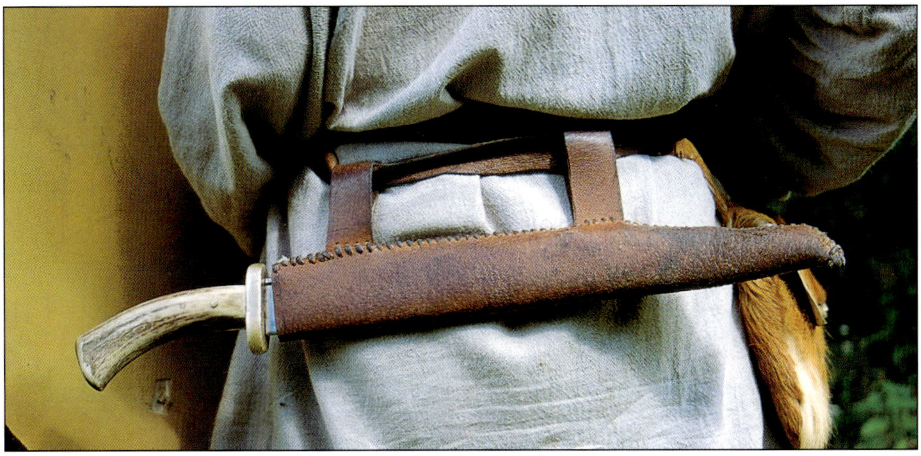

(Links) Eine ungefärbte Hose und Tunika sind die ganze Bekleidung für den Wikinger im Sommer. Für den Winter wird er noch eine dicke, warme Wolltunika oder einen Wollmantel besessen haben. Der Schild wurde an einer quer aufgenagelten Latte einhändig geführt. Seine Axt ist mit einer Schnitzerei versehen und um den Hals trägt er an Lederbändern einen Kamm und diverse Glücksbringer. Schmuck trägt er keinen und auch die Fibel, die seine Tunika zusammenhält, ist sehr einfach.

(Rechts) Oftmals besaßen einfache Krieger keine Schuhe, unserer jedoch trägt ein Modell, das aus Ziegenleder hergestellt wurde und in dieser Form in Norwich in England gefunden wurde. Es handelt sich hierbei um einen gewendeten Schuh, der mit zwei Lederknebeln geschlossen wird.
Beinwickel, die bis zum Knie reichen, schützen vor Kälte, Kletten und Dornen.

Hieb- und Stichwaffen der Wikinger

Das Waffenarsenal der Wikinger war, gemessen an der Verwüstung, die sie in Europa erzielten, eher einfach und außer dem Schwert waren die meisten Waffen auch im alltäglichen Leben im Haushalt verwendbar. War doch eine Axt zum Holzhacken, Speere und Bögen zur Jagd sowie das Sax, ein einschneidiges Haumesser, in fast jedem Haushalt vorhanden. Nur das Schwert ist ein ausschließliches Tötungswerkzeug.

Die Bewaffnung der Krieger war in Europa zwischen 700 und 1100 bei allen Völkern fast identisch und einzelne Waffen unterschieden sich regional oft nur durch Ausführung, Form und Qualität und die Völker hatten traditionelle Vorlieben für die eine oder andere Waffe.

Speere

Obwohl Wissenschaftler und Archäologen sich immer noch um die Hauptwaffe der damaligen Zeit streiten, gilt es als ziemlich wahrscheinlich, daß es sich hierbei um den Speer handelte. Nicht zuletzt, weil Speerspitzen, für die man nur wenig Eisen benötigt, billig, einfach zu schmieden und in großer Zahl erhältlich waren. Auch deutet das Auffinden von Speerspitzen in fast jedem Kriegergrab darauf hin, daß Speere häufig eingesetzt wurden. Speere waren vielseitig verwendbar und verschiedene Arten müssen unterschieden werden.

Leichte Wurfspeere wurden zu mehreren mitgeführt und als Abstandswaffe verwendet. In einem Bericht von der Schlacht bei Maldon ist die Rede davon, daß ein Wikinger durch einen angelsächsischen Wurfspeer verletzt wurde, der sein Kettenhemd durchdrang. Dies läßt gut nachvollziehen, welche Wucht ein von einem geübten Krieger geworfener Speer entwickelt, der sogar Kettengewebe aus vernieteten Ringen sprengen konnte.

Um so größer muß die Wucht von Stichen mit Speeren und Lanzen gewesen sein, die ein- oder beidhändig geführt wurden. Mit ihnen konnte aber nicht nur gestochen werden, sondern mit den scharfen Klingen der Spitzen auch geschnitten, mit dem Schaft geschlagen und Hiebe des Gegners geblockt werden. Mit der sogenannten Flügellanze, die ihren Ursprung wahrscheinlich bei den Karolingern hat und bei der sich unterhalb der Spitze zwei seitliche Haken befinden, war es möglich, hinter Schildränder zu fassen und den Schild beiseite zu ziehen. Aber auch das Haken von Körperteilen mit den Flügeln ist möglich. Weiterhin verhindern die Flügel ein zu tiefes Eindringen der Spitze in die Beute bei ihrer ursprünglichen Verwendung als Jagdwaffe, was aber auch in der Schlacht von Nutzen sein konnte.

Die Schaftlänge der Lanzen lag bei 1,5 bis 3 Metern, von denen die Spitze 20 - 60 cm ausmachte. Der Schaft bestand aus bis zu 3 cm starken Eschenholz. Die Spitzen wurden mittels einer Tülle auf den Schaft aufgebracht, die dann in die jeweilige Spitzenform, sei sie lang und schmal, kurz, blattförmig, dreikantig, flach oder rund, auslief. Viele der gefundenen Speerspitzen bestehen aus damasziertem Stahl und sind zum Teil aufwendig mit Silber tauschiert. Da es sich aber hier oftmals um Funde aus Gräbern hochgestellter Persönlichkeiten

(Links) Eine Vielzahl von Speerspitzen in unterschiedlichsten Formen wurden als Grabbeilagen oder auf Schlachtfeldern und in Siedlungen gefunden. Für den skandinavischen Raum waren lange, schlanke Spitzen typisch, wie sie die rechts abgebildeten Flügellanzen zeigen. Der Ursprung der Flügel liegt jedoch im karolingischen Reich. Sie sollten ein zu tiefes Eindringen in das Opfer, ob Jagdbeute oder Kriegsgegner, verhindern. Bei der zweiten Lanzenspitze von links handelt es sich um eine weitere typische Form, die aus den keltischen Gebieten nach Skandinavien kam. Die Formen der Speere und Lanzen blieb zwischen dem 8. und 11. Jahrhundert fast unverändert.

(Rechts) Diese Kriegergruppe trägt neben Speeren und Flügellanzen auch eine größere Menge Wurfspeere bei sich. Wurfspeere waren kurz und leicht und auf frühmittelalterlichen Kriegerdarstellungen führen die Kämpfer meist drei oder vier dieser Waffen mit. Sobald diese verbraucht waren, kämpfte man mit dem Schwert oder einer Axt weiter. Auf einigen Bilddarstellungen tragen die Krieger ihre Wurfspeere in der gleichen Hand wie den Schild. Obwohl der Speer keine teure Waffe war, wurde von den Armen des Leding genauso geführt wie auch vom Jarl oder Hersir.

(Links) Diese Kampfszene, in Trelleborg, Schweden aufgenommen, zeigt gut die im Kampf eingesetzten Waffen. Während Äxte und Lanzen in reicher Zahl vorhanden sind, sind nur zwei Krieger mit teuren Schwertern bewaffnet. Die Wucht eines Stichs mit Speer oder Lanzen kann man gut an der Verformung des Schildes links erkennen. Speere waren sowohl ein- als auch beidhändig geführt in der Lage, Schilde oder Kettenhemden zu durchschlagen. Während in den Schlachtreihen vorn Krieger mit Axt, Schwert und Schild standen, kämpften die Speerträger über deren Schilde hinweg und versuchten, sich hinter dem eigenen Schildwall in Deckung zu halten.

handelt, ist es fraglich, ob dieses die Regel war. Geführt wurden Einhandspeere wahrscheinlich über Kopfhöhe, was neben Stichen in Kopf- und Oberkörperrichtung auch ein schnelles Werfen ohne Umgreifen ermöglichte.

Äxte

Am Anfang der Wikingerzeit waren die kleinen Bartäxte genauso gebräuchlich wie die herkömmliche Holzfälleraxt. Da die Axt in den nordischen Ländern in jedem Haushalt verfügbar war, stellte sie eine gebräuchliche Waffe der Wikinger dar, und sie wurde auch schnell zum Sinnbild für Angst und Schrecken, die die Wikinger unter ihren Gegnern verbreiteten. Die Äxte verfügten über einen zwischen 60 und 90 cm langen Stiel und eine Schneide mit 7,5 - 15 cm Klingenlänge. Aus dem fränkischen stammt vermutlich die kleine, Franziska genannte Wurfaxt, die aber auch bei Angelsachsen und Wikingern sehr beliebt war.

Erst in späteren Jahren verbreitete sich die Langaxt, die auch als „Dänenaxt" Berühmtheit erlangte. Eventuell ist diese Entwicklung eine Folge der weiteren Verbreitung von Kettenhemden. An einem 1,2 - 1,7 Meter langen Stiel befand sich hierbei ein großes, schweres Axtblatt mit 22 - 45 cm langer, halbmondförmiger Schneide. Mit ihr war es problemlos möglich, durch Schwingen auch Reiter vom Pferd zu schlagen oder Schilde zu zertrümmern. Mit der Spitze des Axtblattes konnten aber auch Stichwunden zugefügt werden oder durch Einhaken und Ziehen eine Lücke in den gegnerischen Schildwall gerissen werden.

(Links, oben) Überall in Europa war die Dänenaxt das Sinnbild für den Wikinger, selbst in Byzanz wurde die mit Dänenäxten ausgestattete Varägergarde als Garde der Axtträger bezeichnet. Dieser Krieger trägt eine Rüstung aus Spangenhelm und Kettenhemd, unter diesem trägt er eine Tunika aus einem Fischgratstoff.

(Links, unten) Dieses Bild zeigt verschiedene Axtblätter, in der Mitte liegt das große Blatt einer Dänenaxt. Bei der symmetrisch geformten Axt unten rechts ist anhand einer Kante gut die angesetzte Klinge aus härterem Stahl auszumachen. Bei den restlichen Äxten handelt es sich um Bartäxte mit verschieden stark ausgeprägten Bärten. Alle Äxte verfügen über Schaftlappen an der Aufnahme für den Holzschaft, diese sorgen für eine größere Anlagefläche des Axtkopfes am Schaft und somit für eine größere Stabilität.

(Rechts) Diese Wikinger wehren sich ihrer Haut, nachdem sie beim Plündern eines Langhauses überrascht wurden, das zudem Feuer gefangen hat. Der mit Helm und Polsterwams gerüstete Krieger versucht gerade, seinem Gegner durch wuchtiges Reißen mit der Dänenaxt das Schwert zu entwinden. Im Hintergrund gerät sein Gefährte in arge Bedrängnis, da die Axt seines Gegners durch seinen Schild gedrungen ist und ihm dieser jetzt wahrscheinlich den Schild wegziehen wird. Die Axt war, wie hier anschaulich vorgeführt wird, eben nicht nur zum Schlagen gut sondern konnte auch eingehakt werden

Saxe

Ein weiterer Gegenstand des alltäglichen Lebens, der als Waffe eingesetzt wurde, war der Sax, der wahrscheinlich von jedem Krieger, egal welchen Ranges, getragen wurde (allein bei den Coppergate-Ausgrabungen wurden 300 Stück gefunden, allerdings ist Coppergate eine angelsächsische Fundstelle). Wie der Name andeutet, ist die Herkunft dieses Haumessers im Sächsischen zu suchen, und die Wikinger haben es vermutlich übernommen. Bei den Sachsen mag es die Funktion erfüllt haben, die die Axt in Skandinavien hatte, dies würde auch erklären, warum Saxe kaum in Skandinavien gefunden wurden, sondern überwiegend in irischen und englischen Wikingergräbern. Beim Sax handelt es sich um ein einschneidiges Messer, das in Längen von 7,5 bis 75 cm gefunden wurde, die sich in eine kurze Gruppe bis 35 cm und eine zweite mit Längen zwischen 50 und 75 cm einteilen lassen. Bei der kurzen Variante handelt es sich wohl ursprünglich um Küchenmesser, Taschenmesser oder Schnitzmesser, die im Kampf zum endgültigen Töten des Gegners verwendet wurden. Die längeren Langsaxe waren schon eher als Waffen entwickelt worden, fanden aber auch als Haumesser zum Teilen von Wild oder Abschlagen von Ästen Verwendung, ähnlich der heutigen Machete. Auf dem Wikingerfriedhof von Kilmainham-Islandbridge wurden unter anderem auch Langsaxklingen mit Schwertgriff gefunden. Saxklingen verliefen gerade und waren nur einseitig geschliffen, der Rücken war sehr breit und die Klingen oftmals sehr schwer. Das nach seinem ursprünglichen Entwickler, dem Volk der Saxen, benannte Messer rundete sich nach vorn zur Schneide hin ab und verfügte über eine Spitze, die auch den Einsatz als Stichwaffe wie beim Speer zuließ. Die skandinavischen Funde weisen einen nach unten geschwungenen Klingenrücken auf.

Der Sax wurde immer in einer Lederscheide aus gefaltetem Leder getragen, die mit Kupfer, Messing oder Silber verziert war, je nach Reichtum des Trägers. Wie auch bei Speeren, Schwertern und Äxten weisen viele Fundstücke Silbertauschierungen und Einlegearbeiten auf.

Schwerter

Die teuerste Waffe eines Kriegers war sein Schwert, das oftmals reich verziert war und so auch Auskunft über Rang und Reichtum seines Trägers gab, es war auch wohl aufgrund des Preises oft höhergestellten Persönlichkeiten vorbehalten. In Haithabu wurden auf der kleinen bis jetzt ausgegrabenen Fläche die Reste von 40 Schwertern aller zur Wikingerzeit vorhandenen Qualitätsstufen gefunden.

Die zweischneidigen Wikingerschwerter verfügten über eine 70 bis 80 cm lange und 5 bis 6 cm breite Klinge. Der Griff war zwischen 8 und 10 cm lang, so daß sich eine Gesamtlänge von weniger als einem Meter ergibt, was sich aber zum Ende der Wikingerzeit hin änderte. Eine kurze Parierstange schützte die Hand vor abrutschenden Schlägen und hinderte sie gleichzeitig daran, auf die Klinge zu rutschen. Am unteren Ende des Griffes befand sich ein schwerer Knauf, der als Gegengewicht zur Klinge diente und eine Kopflastigkeit verhinderte. Durch die sorgfältige Ausbalancierung waren die Waffen trotze ihres Gewichtes von bis zu 2 kg gut zu führen.

Zu Anfang der Wikingerzeit galten damaszierte Klingen als besonders hochwertig. Bei der Kunst des Damaszierens werden Stäbe aus kohlenstoffarmem Eisen (Ferrit) mit kohlenstoffreichen Stahlstäben in einem komplizierten Verfahren verschweißt und ausgeschmiedet. Das Ergebnis sind harte und gleichzeitig

(Links) Im Danelag und in Irland lernten die Wikinger ein von den Sachsen entwickeltes Haumesser kennen, das Sax. Das Bild zeigt Saxe sowohl in ihrer ursprünglichen Form als auch in der skandinavischen Variante, bei der die ursprünglich gerade verlaufende Klinge leicht nach oben geschwungen war. Der unterste Sax verfügt über eine Parierstange, ist aber zu kurz, um ihn als Schwertsax einzustufen. Die Griffe sind aus Holz, Horn oder Knochen gefertigt, und obwohl einige der abgebildeten Saxe Griffe aus zwei Teilen haben, die mit der Angel vernietet wurden, überwiegen die Funde, bei denen die Angel durch eine Bohrung im Griff gesteckt und anschließend verschmiedet wurde.

elastische Schwertklingen, die nach dem Schleifen eine schöne Oberfläche ziert. Teilweise wurden auch an ein damasziertes Kernstück Schneiden aus einfachem, leicht zu schärfendem Stahl angesetzt.Der sogenannte Torsionsdamast, der auch als wurmbunt bezeichnet wird, ähnelt dem heutigen Damast, bei dem jedoch hunderte von Lagen Stähle zusammengefaltet und verschmiedet werden.

Im 8. Jahrhundert eroberten aber fränkische Schwerter, trotz eines Ausfuhrverbotes durch Karl den Kahlen, den europäischen Schwertmarkt. Die Franken hatten entdeckt, daß beim Auskohlen von phosphathaltigen Stählen hochwertige Stähle entstehen. Zwar waren hierzu schmiedetechnische Spezialkenntnisse erforderlich, dafür aber weniger Arbeitsaufwand. In Skandinavien waren solche Kenntnisse noch nicht vorhanden, so daß man die Klingen importierte und durch die Schmiede vor Ort mit Griffen und Knäufen versehen ließ. Fränkische Klingen wurden in Dänemark, Norwegen, Schweden, dem Baltikum, Irland und England gefunden.

Die Schwertscheiden bestanden aus lederumwickeltem Holz, das zum Schutz der Klinge noch innen gefettet wurde. Getragen wurden die Schwerter an einem Schwertgehänge über die Schulter, in den späteren Jahren des beschriebenen Zeitraumes zunehmend auch direkt am Gürtel. Ein Teil der gefundenen Schwerter weist reiche Verzierung und silberne oder kupferne Einlegearbeiten an Parierstange und Knauf auf. Dies läßt darauf schließen, daß das Schwert nicht nur eine Waffe, sondern auch ein Statussymbol war und als Aushängeschild für Reichtum diente. Geführt wurde das Schwert meistens einhändig, dazu in der anderen Hand ein Schild oder ein Sax. Beim Schlagen wurde es vermutlich vermieden, die Klingen zu kreuzen, um ein Brechen der nach heutigen Standards doch recht spröden Klingen zu vermeiden. Im Kampf versuchte man deshalb, Schläge auf ungeschützte Körperteile zu landen, die der Gegner nicht blocken konnte.

(Oben) Das Bild des Wikingers wurde wohl durch nichts mehr geprägt als durch die Axt. Ursprünglich führte man bei Schlachten einfaches Handwerkszeug wie die Bartaxt, später wurde dann auch die langstielige Dänenaxt gebräuchlich, wie sie von diesem Krieger geführt wird. Dänen- oder Langäxte waren speziell für den Kampf entwickelt, kein zweckentfremdetes Werkzeug mehr. Ihre Schneide war halbmondförmig und zwischen 22 und 45 cm lang. Das Axtblatt wurde, ähnlich wie Schwerter, oftmals mit Schneiden aus härterem Stahl versehen. Das zum Stiel hin nach innen abgerundete Blatt ermöglicht bei beidhändigen Schlägen über den Kopf ein tiefes Eindringen der Waffe, was bei Treffern auf Schild oder Helm besonders effektiv war.

(Unten) Im Gürtel dieses mit Schwert und Schild bewaffnet Kriegers steckt zusätzlich noch eine Axt. Der Araber Ibn Miskawayh beschrieb nordische Krieger, die um 943 einen Handelsplatz überfielen, mit der Erklärung, daß jeder Krieger ein Schwert trug, sie aber mit Speer und Schild kämpften und in ihren Gürteln auch noch eine Streitaxt und einen Dolch mitführten. Deutlich zu erkennen ist das kurze Kettenhemd mit gezacktem Rand aus der frühen Wikingerzeit und ein mit einem Nackenschutz aus Kettengewebe versehener Helm.

(Oben) Der im Vordergrund dieser Schlachtszene stehende Krieger ist mit Helm, Kettenhemd, Schwert und Schild ausgestattet. Seine Ausrüstung entspricht einem Grabfund in Gjermudbu, Norwegen, wo vermutlich ein Wikingerhäuptling des 10. Jahrhunderts begraben wurde. Das Grab barg neben der Rüstung noch Zaumzeug und Dinge des täglichen Lebens. Deutlich ist die Verwendung des Schwertes als Hiebwaffe zu erkennen, allerdings wird hier der Schlag vom Gegner geblockt.

(Links) Diese zwei Schwertgriffe zeigen deutlich die aufwendigen Verzierungen an Knauf und Parierstange. Der linke Griff ähnelt einem Fundstück aus Nordjütland und weist die für Wikinger typische kurze und gerade Parierstange auf. Beim Original sind die geometrischen Muster aus Silber und Messing eingelegt. Das rechte Schwert ist einem Fundstück aus Schonen nachgebildet. Das Original wurde um 1000 in England gefertigt und die Parierstange und das obere Querstück waren aus Silber, das vergoldet und in Niellotechnik verziert wurde. Der Knauf fehlt beim Original und wurde nachempfunden. Das Mundblech sowie die Befestigung des Schwertgehänges an der Scheide sind beide auch reich verziert.

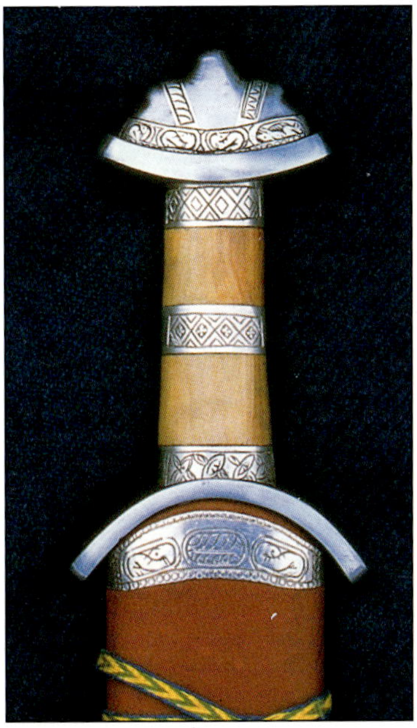

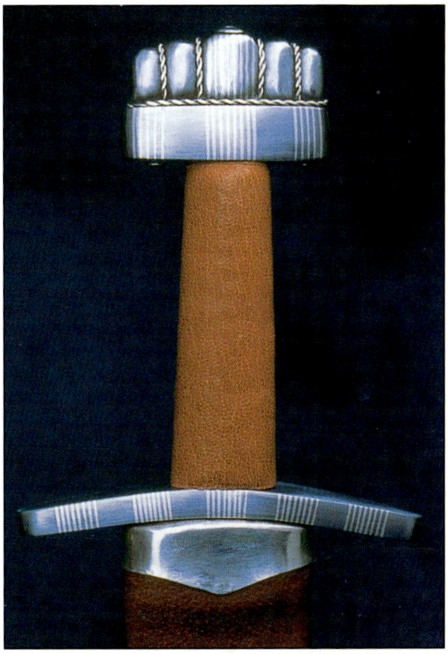

(Oben) Die drei Schwertgriffe zeigen weitere der vielen gebräuchlichen Varianten. Die beiden linken Griffe sind, wie zum Beispiel das Prunkschwert von Haithabu, mit Silber plattiert. Gut sichtbar sind auch die hölzernen Griffschalen. Es ist anzunehmen, daß bei vielen Schwertern diese noch mit Leder umwickelt waren. Beim rechten Modell handelt es sich um einen Griff mit fünfteiliger Knaufkrone, der mit Silber tauschiert und durch Silberdrähte in fünf Flächen geteilt ist. Die Grifform ist identisch mit dem auf die Mitte des 9. Jahrhunderts datierten Prunkschwert aus dem Bootskammergrab in Haithabu, der Griff ist aber im Vergleich zum Original ärmlich verziert. (Foto links und rechts: Dawn of Time Crafts)

(Rechts) Obwohl viele reich verzierte Grabfunde das Gegenteil zu erzählen scheinen, waren die typischen Wikingerschwerter wahrscheinlich eher schlicht. Den Wert eines Schwertes maß der Besitzer an der Qualität der Klinge, nicht an der Verzierung. Die Schwertscheiden bestanden aus Holz und waren mit Leder bezogen. Das Auffinden vieler zum Teil ebenfalls reich verzierter Ortbänder belegt deren Verwendung zum Schutz der Spitze. Ebenso war am oberen Ende der Scheide ein Mundblech angebracht. Die Schwertgehänge der beiden hier abgebildeten Waffen deuten darauf hin, daß sie über der Schulter getragen wurden. Es wurde dabei unter dem Gürtel durchgezogen, um es an seinem Platz zu halten

Wikinger-Hersir
790 - 950

(Links) Helm, Schwert und Kettenhemd weisen diesen Krieger als wohlhabend aus. Seine oberschenkellange Brünne hat kurze Ärmel, was sie als ein frühes Stück ausweist. Damit das Kettenhemd am Hals nicht zu eng anliegt, verfügt es auf dem Rücken über eine Lederschnürung, die in die Ringstruktur eingenäht ist. Gut ist hier auch die Machart des Kettenhemdes zu erkennen, in jedem Ring hängen vier weitere. Allerdings werden die Ringe aufgrund des Arbeitsaufwandes nur zusammengebogen und nicht wie beim Original verschmiedet oder vernietet.

(Unten) Die ledernen Stiefel wurden durch Knebeln aus Hirschhorn oder Knochen geschlossen. Unter der Ledersohle sind zusätzliche Lederstreifen aufgebracht, um ein Profil zu erzeugen. Durch das Annähen eines Schaftes wurde er verlängert, um so seinem Träger auch bei schlechtem Wetter und im Winter Schutz zu bieten.

(Oben) Die Zacken hatten keinen funktionellen Wert sondern dienten nur der Zierde. Gezackte Kettenhemden wurden schon von römischen Auxiliartruppen getragen. Es ist anzunehmen, daß so diese Art der Fertigung nach England und Nordeuropa gelangte. Unter dem Kettenhemd und über seiner Tunika trägt der Hersir ein Polsterwams aus Leder, das mit Haaren, Wolle oder Heu gefüttert und in Rauten gesteppt ist.

(Unten) Am Gürtel trägt der Hersir zwei Taschen, die reich verziert sind, sowie ein Sax. Sein Helm verfügt über eine Brünne als Nackenschutz und sein Schwertgriff ist dem Hedemarkenfund, den Peterson als Typ S bezeichnet hat, nachempfunden.

Bei diesem Wikingerkrieger könnte es sich um einen Hersir, also einen wohlhabenden Bauern mit eigenem Landbesitz handeln, der Häuptling, Führer eines Clans oder einer Region ist. Der Besitz von Helm, Kettenhemd und Schwert deutet auf großen Reichtum hin. Zu Beginn der Wikingerepoche waren die Hersir die Führer und Organisatoren von Plünderfahrten und Landnahme, allerdings schwand ihre Macht zum Ende des 10. Jahrhunderts, als nordische Königreiche entstanden. Der Hersir wurde zum regionalen Machtorgan des Königs.

Der Glauben unseres Hersir scheint sich im Übergang von den alten Göttern Thor und Odin zum Christentum zu befinden. Um den Hals trägt er eine Mischung aus Thors- hammer und Kreuz, die ein Wolfskopf ziert. Das Schmuckstück stammt aus Island und ist auf das 10. Jahrhundert datiert, als hier der Religionswechsel stattfand. Das Schildmotiv zeigt eine Szene, die Snorri Sturluson in der Prosa-Edda beschreibt. Zwei Wölfe jagen ihm zufolge Sonne und Mond über den Himmel und sorgen so für den Wechsel von Tag und Nacht. Wenn sie sie eines Tages erreicht haben, werden sie sie verschlingen und das Ragnarök beginnt, der Weltuntergang im nordischen Glauben. Dann werden die Götter an der Seite der toten Krieger in die letzte Schlacht gegen die Riesen ziehen, und mit dem Tod der alten Götter endet auch unsere Welt.

Möglicherweise ist unser Hersir sogar getauft, aber allzu genau nahmen es die Wikinger mit der Taufe selten. Manchmal ließen sie sich nur aus Gründen besserer Handelsbeziehungen zu den Christen taufen, manchmal nur wegen der Taufgeschenke und selbst wenn der Täufling dann an Land in die Kirche ging, opferte er auf See oft weiterhin den alten Göttern.

Rüstungen und Helme zur Wikingerzeit

Rüstungen

Um sich im Kampf vor schweren Verletzungen wie tiefen Schnittwunden oder Stichen zu schützen, wurden von den Kriegern der Wikinger und ihrer Gegner verschiedenartige Rüstungen getragen. Das Tragen von Rüstungen war allein schon aus der Tatsache heraus notwendig, daß oben genannte Wunden mit den damals zur Verfügung stehenden Heilmitteln sowie dem Kenntnisstand über Medizin, Anatomie und Hygiene meistens tödlich waren, führte doch zum Beispiel eine 1 cm tiefe Schnittwunde am Arm oder in der Brust nicht selten zu Blutvergiftung oder Wundstarrkrampf, gegen die es bei den Extremitäten oftmals nur das Mittel der Amputation gab. Ebenfalls verteilte die Rüstung die Auftreffenergie eines Schlages auf eine größere Fläche und verhinderte so Platzwunden und Knochenbrüche.

Wohl den meisten Lesern wird nun als erstes das Kettenhemd als Rüstungstyp einfallen, welches auch unter der Bezeichnung Brünne bekannt war. Kettenhemden kannte der Mensch wahrscheinlich schon seit Beginn der Eisenzeit. Aufgrund der verschiedensten zeitgenössischen Abbildungen und der gefundenen Fragmente läßt sich mit ziemlicher Sicherheit sagen, daß die Kettenhemden zu Beginn der Wikingerzeit im 8. Jahrhundert etwa hüftlang waren und über kurze Ärmel verfügten. Ein Beweis hierfür ist der Fund von 85 Fragmenten einer Brünne in Gjermundbu, Norwegen, die vermutlich aus dem 10. Jahrhundert stammen. Bis zum Ende der in diesem Buch betrachteten Zeit im 11. Jahrhundert nahmen die Kettenhemden jedoch an Länge zu. Auf dem Teppich von Bayeux, der die Schlacht von Hastings 1066 darstellt, sind die normannischen und angelsächsischen Krieger überwiegend in knielange, mit langen Ärmeln versehene Kettenhemden gekleidet, die auf der Vorder- und Rückseite vom unteren Rand bis zum Schritt geschlitzt sind, so daß auch ein Reiten problemlos möglich ist. Auch bekamen die ursprünglich T-Shirt-förmigen Kettenhemden in späteren Zeitabschnitten angesetzte Kapuzen und auf der Brust angebrachte zusätzliche Kettenquadrate, die nach oben geschlagen und über Lederriemen oder Haken befestigt einen Gesichtsschutz darstellten. Je nach Ringgröße, die wahrscheinlich von Hersteller zu Hersteller variierte, und Länge des Hemdes konnte dieses aus ca. 20.000 - 36.000 Ringen bestehen. Bei den gefundenen Ringen sind hierbei zwei verschiedene Typen erwähnenswert: Zum einen aus Blech geschlagene, unterlegscheibenähnliche Ringe, zum anderen aus Draht gezogene, die wiederum in zwei Varianten vorliegen. Die Herstellung von Drahtringen begann mit dem Ziehen des Drahtes aus heißem oder erkaltetem Eisen. Der so entstandene Draht wurde anschließend auf einem Eisenstab aufgewickelt, so daß eine Spiralform erreicht wurde. Nun wurde mittels eines Stecheisens die so entstandene Spirale aufgetrennt, wodurch man Basisringe erhielt. Daraufhin

Zum Schutz gegen Schläge wie den, den er gerade selbst ausführt, trägt dieser Krieger Helm und Kettenhemd. Bei seinem Kettenhemd handelt es sich um die im 8. Jahrhundert übliche kurze T-Shirt-Form. Der unterer Rand endet auf dem Oberschenkel und läuft in Dreiecken aus, die eher einen optischen als einen kriegerischen Nutzen haben. Unter dem Kettenhemd wurde, wie auch hier deutlich zu erkennen, immer ein Polsterwams getragen, das die Wucht der auftreffenden Schläge abfing. Unter der Achsel wurden im Kettenhemd Öffnungen gelassen, so daß man sich besser bewegen konnte.

wurde ein Teil der Ringe durch einen Konus getrieben, so daß ihre Enden übereinander zu liegen kamen. Diese Enden wurden nun miteinander verschmiedet und ein geschlossener Ring entstand. Beim zweiten Ringmodell wurden die jeweiligen Enden flachgeschlagen und gelocht, so daß, wenn sie übereinander zu liegen kamen, sie mit einem zusätzlichen Splint vernietet werden konnten. Beim Bau eines Kettenhemdes wurden nun immer vier geschlossene Ringe in einen zu vernietenden Ring eingehängt. Anschließend wurden die so entstandenen Fünfergruppen mittels eines weiteren zu vernietenden Ringes zu einem Strang verbunden, der nach der selben Methode in alle Richtungen verbreitert werden konnte. Letztendlich standen im fertigen Kettenhemd verschmiedete und vernietete Ringe im Verhältnis 1:1 . Das Gewicht eines knielangen, langärmligen Kettenhemdes betrug ca. 18 kg. Die Bauzeit eines Kettenhemdes konnte bis zu einem Jahr betragen, so daß nur wohlhabendere Krieger sich eines leisten konnten, da der Preis wahrscheinlich heutzutage mit dem einer Limousine der Luxusklasse vergleichbar ist. Wieviele Krieger tatsächlich über ein Kettenhemd verfügten läßt sich aber schon aus dem Grunde heraus nicht feststellen, daß sich Kettenhemden nur selten als Grabbeilage finden und wahrscheinlich von Generation zu Generation weitergegeben wurden. Auch nach Schlachten blieben sie nicht auf dem Schlachtfeld zurück, da das Ausplündern der Gefallenen durchaus üblich war und ein Kettenhemd nicht einfach verlorenging.

Unter dem Kettenhemd oder auch als eigenständige Rüstung wurde das aus Leder, Wolle oder Leinen gefertigte Polsterwams getragen, bei dem zwischen zwei Lagen Gewebe Füllmaterial, wie zum Beispiel ungesponnene Wolle, Haare oder ähnliches, eingearbeitet wurde. Das Füllmaterial wurde zwischen den Stofflagen durch Steppen fixiert. Die Form entsprach der des jeweils getragenen Kettenhemdes, wenn das Polsterwams als separate Rüstung getragen wurde, ähnelte es im Schnitt den oben beschriebenen Kettenhemdtypen. Das Polsterwams sollte die Wucht der auftreffenden Schläge abfangen und verhindern, daß Teile des Kettenhemdes durch den Aufprall ins Fleisch getrieben wurden. Wenn das Außenmaterial Leder war, stellte es auch einen guten Schutz gegen Schnitte dar.

Zuletzt muß noch die Lamellarpanzerung als Rüstungstyp erwähnt werden, die allerdings auf dem europäischen Kontinent weniger verbreitet war, da sie ihre Ursprünge im nahen Osten und arabischen Raum hat. Da die Wikinger aber bei ihren Handels- und Plünderfahrten auch bis ins Mittelmeer nach Byzanz vordrangen, vermutlich sogar über die Wolga und das kaspische Meer in den vorderen Orient, ist es wahrscheinlich, daß ihnen auch Lamellarpanzer bekannt waren. Ein Beweis hierfür ist das Auffinden von Lamellen verschiedener Typen in Birka, einer Handelsstadt im Herzen von Schweden, die auf das 9. Jahrhundert datiert werden und nach archäologischen Untersuchungen zwar nur als Handelsware gedient haben, also nicht zu einem kompletten Panzer gehörten, doch warum sollte man etwas importieren, für das man keine Verwendung hatte? Lamellarpanzer bestanden aus dünnen, gelochten Stahlsegmenten, die mittels Lederbändern aneinandergereiht wurden, wobei sie überlappten. Aus dem mittleren Osten ist eine Vielzahl verschiedener Lamellenformen bekannt, wobei Wappen- und Rechteckformen überwiegen. Nicht selten wurden Lamellen ver-

Über seinem Kettenhemd trägt dieser Krieger noch einen Lamellarpanzer, der den gesamten Oberkörper schützt. Neben den hier verwendeten tönnchenförmigen Lamellen waren im Ursprungsgebiet dieser Form der Panzerung, dem Nahen Osten, auch wappenförmige weit verbreitet. Die Lamellen band man mit Lederbändern aneinander, so daß sie überlappten. Sein Helm ist aus einem Stück getrieben und verfügt über ein angesetztes Nasal, wodurch er dem Olmützhelm ähnelt. Darunter ist gut eine mit Leder gefütterte Kettenhaube zu sehen, eine Konstruktion, die erst im 11. Jahrhundert aufkam. Die Ringgröße der Kettenhaube weicht deutlich von der des Kettenhemdes ab, verschiedene Ringgrößen und Drahtstärken sind archäologisch nachgewiesen.

(Links) Wer sich kein Kettenhemd leisten konnte, da diese sehr teuer waren, trug ein gepolstertes Wams. Im Schnitt glich dieses den Kettenhemden. Das Polstermaterial wurde in Kammern zwischen zwei Lagen Oberstoff eingenäht. In Darstellungen auf Steintafeln, Stickereien wie dem Teppich von Bayeux und Holzfiguren sind Polsterwämse mit Kammern in Rautenform ebenso erkennbar wie solche mit röhrenförmigen Kammern. Bei dem links abgebildeten handelt es sich um ein Exemplar mit Wolloberstoff und quadratischen Steppereien.

schiedener Formen in einem Panzer verarbeitet, um die Beweglichkeit des Kriegers möglichst wenig einzuschränken.

Ein weiteres Rüstungsteil waren Arm- und Beinschienen, bei denen unterschiedlich lange, an den oberen Enden abgerundete und etwa 1,5 cm breite Stahlschienen auf Leder aufgebracht wurden, und die mit Schnallen am Unterarm oder Bein befestigt werden konnten. Aus der Wendelzeit, die der Wikingerzeit vorausging, sind auch ähnlich aufgebaute Körperpanzer bekannt, wie der in Valsgärde gefundene.

Helme

Nur ein guterhaltener Helmfund läßt sich eindeutig den Wikingern zuschreiben, es handelt sich hierbei um den bei Gjermundbu gefundenen Helm, der auf das späte 9. Jahrhundert datiert ist. Der Helm besteht aus einem Stirnreif, von dem aus vorn, hinten und an den Seiten je ein halbrundes Band nach oben zur Mitte laufen und so eine Halbkugel formen, die durch eine Scheitelscheibe mit aufgesetztem Dorn abgeschlossen wird. Mit den Bändern werden die dreieckigen Füllungen zusammengehalten. Vorn am Helm befindet sich eine brillenartige Schutzplatte für Augen und Nase mit stählernen Augenbrauen und der hintere Teil des Helmes war mit Kettengeflecht zum Schutz des Nackens versehen. Alle Helmteile wurden miteinander vernietet.

Im skandinavischen Raum stellt diese Helmbauweise, deren Verbreitung durch das Auffinden weiterer Augenbrauenfragmente an anderen Orten belegt ist, die Weiterentwicklung und Vereinfachung der aufwendigen Helmbauweise aus der Wendelzeit dar. Eine größere Gruppe aufwendig verzierter Helme aus der Vorwikingerzeit wurde in Välsgarde gefunden, die ebenfalls sowohl über „Brille“ als auch über Kettengeflecht verfügten. Die Helmglocke ist hier allerdings aus vielen kleinen verzierten Metallplatten gebildet, die auf einen Rahmen aus gekreuzten Metallbändern in Halbkugelform aufgesetzt sind. Ebenfalls zur Zeit der Wikinger kam in Europa der Spangenhelm auf, der in Form und Aufbau dem Gjermundbu-Helm ähnelt, aber deutlich spitzer zuläuft und anstatt der Brille über ein gerades

(Unten) Dieses Polsterwams weist ein Rautenmuster auf und ist seitlich geschlitzt. Dadurch schränkt es trotz seiner Knielänge die im Kampf wichtige Bewegungsfreiheit nicht ein. Aus Leder gefertigte Polsterwämse wurden als eigenständige Rüstung getragen und boten, wenn das Leder dick genug war, guten Schutz auch gegen Schnitte.

(Links) Die Herstellung von Kettenhemden war sehr langwierig und aufwendig, doch war sie mit einem relativ kleinen Werkzeugsatz in jeder Schmiede, die über eine Esse verfügte, möglich. Nachdem der Draht gezogen war, wurde er spiralförmig aufgewikkelt und mit Hammer und Stecheisen in Ringe geteilt. Diese wurden an den Enden flachgeschmiedet, mit einem Dorn gelocht und versplintet. Der zweite Ringtyp wurden durch einen Konus getrieben, so daß die beiden Drahtenden überlappten. Dann wurde der Ring kurz in der Esse aufgeglüht, mit einer Zange aus der Hitze herausgenommen und mit einigen Hammerschlägen auf dem Amboß verschmiedet.

Nasal zum Schutz des Gesichts verfügt. Aufgrund einer Vielzahl von Abbildungen auf Runensteinen ist sicher, daß dieser Helmtyp, der um 900 in Europa auftauchte, ebenfalls häufig von Wikingern getragen wurde. Er verfügt über einen Stirnreif, von dem aus vier oder mehr Spangen spitz nach oben zur Mitte zuliefen. Die Zwischenräume wurden mit dreieckigen Füllungen aus Stahlplatten oder auch starkem Leder, manchmal sogar Horn ausgefüllt. Alle Helmteile einschließlich des Nasals wurden zusammengenietet. Im slawischen Raum wurden auch Lamellarhelme verwendet, die wie die Körperpanzer aus verbundenen Metallamellen zusammengesetzt wurden.

Dem Spangenhelm folgte in der Entwicklung kurze Zeit später der konische Helm, der aus einem Stück Eisen getrieben wurde, wie zum Beispiel der Olmütz-Helm oder der Wenceslashelm. Beide verfügen über ein Nasal, allerdings ist dieses beim letzteren in Kreuzform aufgenietet und weist reiche Verzierungen auf.

Neben den genannten Typen sind eine Vielzahl von Kombinationen und Variationen denkbar. Bei einem Fund sind zum Beispiel nur vier dreieckige Platten direkt zusammengenietet und es fehlen jegliche Spangen. Das Innenleben des Helmes ist nicht rekonstruierbar, wahrscheinlich ist aber, daß Leder eingenietet wurde, an dem sich sowohl ein Kinnriemen als auch ein lederner Innenhelm befand, der ein bequemes Tragen erlaubte. Viele Krieger trugen aber auch spezielle gepolsterte Hauben, um einen guten und bequemen Sitz zu erreichen.

Zwar war ein Helm um einiges billiger als ein Kettenhemd, aber es ist anzunehmen, daß nur wohlhabende und höhergestellte Wikinger einen solchen besaßen. Wer keinen Helm besaß, trug zum Schutz des Kopfes wahrscheinlich Kappen aus dickem Leder oder Pelz, wie sie auf Runensteinen oft dargestellt werden. Waren die Helme vor der Wikingerzeit noch reich verziert, so begann jetzt die Entwicklung zum Gebrauchsgegenstand Helm in Europa, so daß die Verzierungen am Helm in den späteren Jahren der Wikingerzeit seltener werden. Bei den meisten verzierten Helmen handelt es sich um

(Unten) Bewaffnet mit einem Schwertsax trägt dieser Reenactor ein Kettenhemd in der frühen T-Shirt-Form mit geradem unteren Abschluß. Fragmente einer Brünne dieser Art wurden zusammen mit dem Gjermundbuhelm gefunden. Der Ringdurchmesser der Ringe betrug etwa 0,85 cm, was eine Ringdichte von etwa vier Ringen pro Quadratzentimeter ergibt. Gut zu erkennen ist hier, daß die Ärmel nicht separat angesetzt sondern direkt seitlich an das Oberteil angeschlossen wurden.

das Eigentum von Höhergestellten, und selbst an diesen waren nur noch die Spangen, Augenbrauen, Kopfband und Nasal oder Brille aufwendig gearbeitet.

Zu guter Letzt muß noch gesagt werden, daß die Wikinger keine Hörner am Helm trugen. Dieser Irrglaube rührt von Darstellungen und Schmuckstücken her, auf denen Odin geweihte Krieger zu sehen sind, auf deren Kopf ein Rabe sitzt, dessen Schwingen rechts und links kreisförmig herunterhängen. Die oftmals verziert dargestellten Flügel sehen Hörnern ähnlich, zudem dient der Kopf oftmals als Aufhänger für das Schmuckstück und ist daher nicht als Kopf des Raben zu erkennen.

(Oben) Diese Rekonstruktion zeigt den einzigen relativ gut erhaltenen Helm, der sich den Wikingern zuordnen läßt. Er wurde in Gjermundbu in Norwegen gefunden. Neben im Nacken angebrachtem Kettengewebe verfügt er über einen Dorn auf der Helmmitte sowie eine Gesichtsbrille. Alle Helmteile sind mit einander vernietet. Es ist anzunehmen, daß der Helm einem Wikingerhäuptling gehörte, der im 10. Jahrhundert zusammen mit seiner Brünne, Schwert und Helm beigesetzt wurde. (Foto: Dawn of Time Crafts)

(Rechts) Über einer Kettenhaube trägt dieser Reenactor den in Prag gefundenen „Helm des St. Wenceslas“, dessen Glocke aus einem Stück gefertigt ist. Der auf das 10. Jahrhundert datierte Helm verfügt über ein angenietetes Nasal in Kreuzform, dessen Verzierungen zu der Vermutung Anlaß geben, daß er seinen Ursprung in den nordischen Kulturen hat. Gut zu erkennen ist auch, daß das Nasal deutlich länger als die Nase des Trägers ist und somit das ganze Gesicht schützt.

(Rechts) Bei Valsgärde in Schweden wurde das Vorbild für diese Helmkonstruktion der Wendelzeit gefunden, die sich nicht hundertprozentig genau datieren läßt. Der Helm wurde bereits etwa 100 - 200 Jahre vor den Wikingeraktivitäten in Europa mit seinem Träger begraben. Er weist aber Ähnlichkeiten mit dem auf das 10. Jahrhundert datierten Gjermundbuhelm auf. Ebenso wie dieser hat er Kettengeflecht, Brille und Augenbrauen, ist aber viel aufwendiger gefertigt und verziert. Die auf einen Rahmen aufgebrachten geprägten Plättchen zeigen verschiedene Krieger, die Schilde, Speere und Helme mit „Hörnern“ tragen, als Motiv. Diese Hörner haben jedoch eher die Form von Vogelköpfen und es handelt sich vermutlich um Hugin und Munnin, die Raben Odins. Auch Bekleidungsstücke wie Klappenröcke und Tuniken lassen sich erkennen. Die Platten sind in Schienen eingesetzt, die auf einen Rahmen aus Metallschienen aufgenietet sind. Das Kettengewebe ist in einen Draht eingehängt, der durch Ösen am Helmrand verläuft. Der Gjermundbuhelm hat hierfür Löcher direkt im Stirnreif. (Foto: Dawn of Time Crafts)

(Unten) Die Vielzahl von Helmtypen, die zur Wikingerzeit in Europa getragen wurden, ist hier gut zu erkennen. Alle abgebildeten Helme können dieser Epoche zugeordnet werden, wobei Spangenhelme wahrscheinlich nach Skandinavien importiert wurden. Links ist ein dem Wenceslashelm nachempfundenes Modell zu erkennen, welches allerdings nicht so aufwendig verziert ist wie das Original. In der Mitte findet sich ein Spangenhelm mit Augenbrauen und Kettengewebe im Nacken, wie er vermutlich von Wikingern getragen wurde. Gut zu erkennen sind Stirnreif und Spangen. Rechts ist eine Rekonstruktion des Gjermundbuhelmes zu sehen, an der sich schön die Brille als Gesichtsschutz erkennen läßt. Neben einem Lederinnenhelm ist auch eine Auskleidung mit Schaffell vorstellbar, um den Tragekomfort zu erhöhen, wie sie dieser Helm zeigt.

(Oben, links) Der sogenannte Gieczhelm ist auf das 11. Jahrhundert datiert und besteht aus vier direkt miteinander vernieteten Füllungen. Sie sind oben durch eine Scheitelscheibe mit Helmbusch und unten durch ein Stirnband zusammengehalten. Der Helm ist vermutlich slawischen Ursprungs und verfügt wie viele Helme der Wikingerzeit über Kettengeflecht im Nacken. Es ist wahrscheinlich, daß Helme dieser Machart von Wikingern im Osten getragen wurden, so vielleicht von Svyatuslav, der zwischen 962 und 972 Prinz von Kiew war. Auf diesem Wege gelangten sie eventuell auch als Handelsware nach Skandinavien. (Foto: Melanie Donus)

(Oben,rechts) Viele Krieger im Wikingerzeitalter werden die hier abgebildete Kombination aus ledernem Polsterwams und Spangenhelm getragen haben. Der Spangenhelm bestand aus einem Stirnreif, an den vier spitz zulaufende Spangen und vier dreieckige Füllungen sowie das Nasal angenietet waren. Er war im 11. Jahrhundert der wohl weitest verbreitete Helmtyp in Europa. Auf Runensteinen sind Kriegerfiguren zu finden, die konische Kopfbedeckungen tragen, hierbei könnte es sich um Spangenhelme oder dem Wenceslashelm ähnliche Modelle gehandelt haben. Es können aber auch einfache Lederkappen gewesen sein.

(Links) Dieser Spangenhelm ist mit Augenbrauen oberhalb des Nasals versehen, was ihn eindeutig als skandinavischen Ursprungs kennzeichnet. Obwohl kein vollständiger Helm dieser Art ausgegraben wurde, wird diese Aussage doch von den in Gräbern gefundenen Fragmenten gestützt. Gut zu erkennen ist die aufgenähte Lederkante, an der der Innenhelm befestigt ist. Die Fäden ziehen sich hierbei durch Bohrungen im Stirnreif, die aber auch dazu gedient haben können, eine Brünne zu befestigen.

(Oben,links) Bei den hier abgebildeten Helmmodellen handelt es sich um keine skandinavischen Modelle, es ist aber wahrscheinlich, daß sie zum Teil nach Skandinavien exportiert wurden. Oben links und rechts sind Helme normannischen Ursprungs zu erkennen, deren konische Spitzen nach vorn gezogen wurden. Sie gleichen dem Olmützhelm, wie er wurden sie mit Nasal aus einem Stück getrieben. Während der Olmützhelm auf das 10. oder 11. Jahrhundert datiert wird, sind diese Helme erst im 12. Jahrhundert anzusiedeln. Die Mitte zeigt die Frontansicht eines slawischen Helmes, wie er von Rus und Varägern getragen worden sein mag. In der Tülle auf dem Scheitelstück wurden Pferdehaare als Helmbusch eingesetzt. Die untere Reihe zeigt rechts und links nochmal Rekonstruktionen des Wenceslashelmes, während in der Mitte ein Spangenhelm zu sehen ist. An diesem sieht man deutlich die Scheitelscheibe, unter der die Spangen zusammenlaufen. (Foto: Dawn of Time Crafts)

(Oben, rechts) Neben den typisch skandinavischen Details wie Augenbrauen und Brille verfügt dieses wendelzeitliche Helmreplikat zum Schutz der Gesichtspartie noch über zwei seitliche Wangenklappen. Klappen dieser Art wurden an einigen Helmen der Wendelzeit nachgewiesen, sind aber auch an den angelsächsischen Helmfunden von Sutton Hoo und Coppergate vorhanden. Es ist anzunehmen, daß sie im 8. und 9. Jahrhundert noch vorkamen, genauso wie die am Helm angebrachten Schienen als Nackenschutz. Eine Kombination der Seitenklappen mit einer Helmbrünne wie beim Coppergatehelm wurde vermutlich häufig getragen. (Foto: Dawn of Time Crafts)

(Rechts) Dieses Bild zeigt die Kombination eines Spangenhelmes mit Nasal, an dem eine Nackenbrünne und Wangenklappen angebracht wurden, die mit Scharnieren oder Ringen befestigt waren. Gut läßt sich auch die große Ringfibel irischen Ursprungs am Mantel erkennen.

Varägergarde 988 - 1071

Nicht nur als Händler oder Plünderer traten die Wikinger in Erscheinung, sondern auch als bezahlte Krieger ähnlich den heutigen Söldnern. Als bekanntestes Beispiel dient hier die Varägergarde von Byzanz. Zwar standen auch vorher schon Wikinger im Dienst der byzantinischen Herrscher, aber eine Garde aus Wikingern wurde erst 988 durch Kaiser Basil II aufgestellt, der 6000 Krieger von Vladimir von Kiew zur Verfügung gestellt bekam.

Frühere Quellen geben Auskunft über 400 Wikinger, die mit den byzantinischen Truppen 935 in Italien einfielen und über 600, die 949 mit Byzantinern auf Kreta kämpften, so daß den Byzantinern die Kampfkraft skandinavischer Krieger schon vorher bekannt war, was wohl nicht zuletzt auch auf zwei gescheiterte Plünderungsversuche durch Wikinger in Miklagard zurückzuführen ist. 955 kämpften Waräger für Byzanz gegen die Araber in der Schlacht von Hadath. Von 988 an bildete die Varägergarde ein Kernstück der byzantinischen Armee und bewachte und schützte die byzantinischen Herrscher, denen die Angehörigen der Garde den Treueeid schwören mußten. Der Name Waräger leitetet sich wahrscheinlich von dem nordischen „Var“ ab, das eine Gruppe von Männern bezeichnet, die einem Anfüh-

(Links) In Byzanz wurden die Angehörigen der Varägergarde als Männer mit roten Haaren und langen Bärten und als so groß wie Dattelpalmen charakterisiert. Auch sagte man ihnen nach, daß sie nicht selten übermäßig viel tranken. Haupterkennungszeichen der Waräger war jedoch die Dänenaxt mit ihrem halbmondförmigen Axtblatt und mannshohen Stiel. Dieser Angehörige der Varägergarde trägt Kettenhemd, Kettenhaube und Armschienen und ist neben seiner Axt noch mit einem Schwert und einem Messer bewaffnet.

(Rechts) Kettenhaube und Helm bildeten den Kopfschutz für den Waräger in der Schlacht. Der Spangenhelm weist ein verziertes Nasal mit Augenbrauen auf und ist nordeuropäischer Herkunft. Es ist aber belegt, daß auch Helme aus byzantinischer Fertigung von Warägern getragen wurden. Neben dem hier gezeigten Kettenhemd sind auch Darstellungen bekannt, in denen Lamellar- oder Schuppenpanzer über dem Kettenhemd getragen wurden. Gut zu erkennen ist auch die Schnürung des Endes des Schwertriemens. Schwerter wurden von den Warägern über die rechte Schulter getragen. Sowohl mitgeführte Schwerter aus dem Besitz des Söldners als auch einschneidige Hauschwerter aus der byzantinischen Waffenkammer wurden eingesetzt.

rer die Treue geschworen haben. In Byzanz selbst wurde die Warägergarde als „Äxte tragende Barbaren" oder „Garde der Axtträger" bezeichnet.

Auch heute sind noch viele Namen von Skandinaviern bekannt, die Dienst in der Warägergarde taten. Im 11. Jahrhundert führte Ragnvald, ein Angehöriger der Garde, die byzantinischen Truppen in Griechenland. Zwischen 1035 und 1044 diente Harald Hardrada, der spätere norwegische König, als Unterführer in der Garde und führte 500 Gardisten. Die Waräger waren allerdings wohl lange nicht so ritterlich, wie es oftmals in nordischen Sagen überliefert wird, vielmehr gibt es

(Unten) Die Armschienen sind den Beinschienen ähnlich, nur sind die Stahlschienen unterschiedlich lang, um einen besseren Sitz zu erreichen. Gut zu erkennen ist das Schwertgehänge des Warägers mit seiner hölzernen Schwertscheide, die mit Leder umnäht ist. Der Trageriemen wird über die rechte Schulter getragen und unter dem Gürtel entlanggeführt, um ein Verrutschen des Schwertes zu verhindern. In dem kleinen Lederetui rechts neben der Schwertscheide ist eine Schere zum Stutzen von Bart und Haaren verstaut und ein Messer mit Wurzelholzgriff ist ebenfalls am Gürtel befestigt

Quellen, die Übergriffe der Gardeangehörigen, meist unter Alkoholeinfluß, auf Michael VII sowie einen weiteren Herrscher 1079 belegen.

Die Bezahlung der Gardisten war übermäßig und das Einkommen von Harald Hardrada wurde als so groß bezeichnet, daß kein Nordeuropäer zuvor solchen Reichtum besessen habe. Auch hatten die Gardeangehörigen auf Feldzügen ein Vorrecht beim Plündern eroberter Städte. In nordischen Sagen ist auch davon die Rede, daß sie eine Art ritueller Plünderung der kaiserlichen Gemächer vor der Tronbesteigung eines neuen Herrschers durchführen durften, eine Information, deren Wahrheitsgehalt zu bezweifeln ist.

Die Bekleidung der Waräger war nordischen Ursprungs mit vielen Einflüssen aus der slawischen und byzantinischen Kultur. Waräger werden in den zeitgenössischen Aufzeichnungen oftmals anhand ihrer großen, zweihändigen Äxte, ihrer nordisch geprägten Trinkgewohnheiten sowie ihrer Bärte und Körpergröße charakterisiert. Auch wird oftmals vermittelt, daß sie ihre eigenen Schwerter mitbrachten. Es ist aber wahrscheinlicher, daß eine Vielzahl von Ausrüstungsgegenständen und Waffen aus den byzantinischen Waffenkammern stammten. Auch ist es bekannt, daß die Angehörigen der Garde immer schwer gepanzert waren, wobei sowohl Kettenhemden als auch Lamellarpanzer in Gebrauch gewesen sein werden.

(Links) Kettenhemden hatten in der byzantinischen Armee aus Gewichtsgründen und wegen des Tragekomforts meist nur Oberschenkel- oder Knielänge und waren mit ellbogenlangen Ärmeln versehen. Daher wurden stählerne Arm- und Beinschienen an die byzantinischen Truppen und auch die Varägergarde ausgegeben. Die hier abgebildete Beinschiene besteht aus Stahlstreifen, die am oberen Ende weit ausgestellt sind, damit eine freie Bewegung des Knies möglich ist. Um einen besseren Sitz zu erreichen, wurden Schienen in zwei verschieden Breiten verwendet, die im Wechsel auf zwei Lederriemen genietet sind. Diese Lederriemen werden auf der Wadenrückseite mit Schnallen verschlossen. Auch im unteren Bereich sind die Schienen etwas ausgestellt, um dem Fuß Bewegungsfreiheit zu geben.

(Rechts) Die Rückansicht des Varägers zeigt deutlich die Befestigung der Beinschienen mit Lederbändern und Schnallen über den Beinwickeln. Unter seinem Kettenhemd trägt er eine dikke Wolltunika mit eingesetzten Keilen. Für persönliche Gegenstände ist am Gürtel eine Ledertasche mit Hornverschluß befestigt, in der zum Beispiel Stein, Eisen und Zunder sowie ein Löffel und ein Becher transportiert werden können.

Bögen und Bogenschützen

(Links) Der Bogen war ursprünglich eine Jagdwaffe und man kann davon ausgehen, daß er in fast jedem Wikingerhaushalt vorhanden war. Der hier abgebildete Bogen ist typisch für die Wikingerzeit, er ist aus einem einzigen, durchgehenden Holzstab gearbeitet und nicht aus mehreren Schichten verleimt. Im Querschnitt ist er D-förmig, wobei die gerade Kante nach vorne liegt. Zu den Spitzen hin wird der Querschnitt geringer. Die Sehne besteht aus einer gezwirnten Hanf- oder Leinenschnur. Der sich hier auf der Jagd befindende Bogenschütze trägt unauffällige Bekleidung, damit er sich ungesehen dem Wild nähern kann. Es handelt sich um eine einfache Wolltunika und -hose, Beinwickel und Lederschuhe. Seine Bekleidung wird durch einen Gürtel, an dem er ein Messer, eine Münztasche sowie seinen Pfeilköcher trägt, vervollständigt.

(Rechts) Auf diesem Bild kann man sehr schön mehrere verschiedene Methoden zum Spannen eines Bogens sehen. Bögen waren damals wie heute sehr empfindlich und bedurften großer Pflege und vorsichtiger Behandlung. So vermied man es, die Bögen längere Zeit der Nässe oder starker Sonneneinstrahlung auszusetzen, was das Holz angreift. Diese Gruppe Bogenschützen bereitet sich auf die Führung einer kriegerischen Auseinandersetzung vor. Um schneller hintereinander schießen zu können, haben sie sich frische Pfeile vor sich in den Boden gesteckt. Gut zu erkennen ist die leichte Bekleidung der Bogenschützen, denen jegliche Rüstung fehlt. Außer ihrem Bogen tragen sie nur noch ein Messer oder ein Sax.

Bogenschützen stellten die Artillerie des Frühmittelalters dar und konnten bis auf eine Entfernung von 200 Metern effektiv gegen Angreifer und Verteidiger eingesetzt werden. Wie auch ein großer Teil der Hieb- und Stichwaffen war der Bogen in erster Linie allerdings eine Jagdwaffe, die aber im Kriegsfall genausogut einzusetzen war. Die aus Eibenholz, Esche oder Ulme gefertigten Bögen waren zwischen 1,60 und 2 Meter lang, ein gutes Beispiel eines Wikinger-Langbogens ist ein 1,915 Meter langer Bogen mit einer Zugkraft von ca. 90 Pfund, der in Haithabu gefunden wurde und aus Eibenholz besteht. Ebenfalls wurden in Haithabu auch baugleiche Bögen aus Ulmenholz nachgewiesen. Einige Bögen waren wahrscheinlich in bestimmten Abständen mit Leinen, Leder oder Bändern aus Sehne umwickelt, um ein Splittern des Holzes zu verhindern.

Über die Pfeile weiß man ebenfalls durch Funde in Haithabu Bescheid. Eine Pfeillänge von 70 bis 80 cm mit einer Schaftstärke von 8 bis 10 mm gilt als wahrscheinlich, und sie verfügten schon damals über die heute noch üblichen drei Federn am Ende. Die Befiederung verlieh dem Pfeil einen Drall, der stabilisierend auf die Flugbahn wirkte und so die Treffgenauigkeit erhöhte. Neben stumpfen hölzernen Pfeilspitzen, die zum Übungsschießen und für die Jagd auf Kleintiere verwendet wurden, wurde in ganz Europa eine Vielzahl von Eisenpfeilspitzen gefunden, die in Form und Aussehen genauso unterschiedlich wie ihre Anwendungsbereiche sind. Brandpfeile mit einem Korb zur Aufnahme von Werg, lange dünne Spitzen zum Durchschlagen von Kettenpanzern, sichelförmige zum Zerschneiden von Segeln sowie lanzettförmige Spitzen mit dreieckigem und viereckigem Querschnitt sind nur einige aus der breiten Palette.

Die Bogenschützen innerhalb eines Wikingerheeres verfügten neben ihrem Bogen wahrscheinlich nur noch über ein Messer oder ein Sax und trugen aus Gründen der Bewegungsfreiheit vermutlich auch keine Panzerung. In einer Schlachtordnung standen sie hinter den eigenen Reihen und bekämpften ihre Gegner durch indirekten Beschuß. Ein gutes Beispiel für den schlachtentscheidenden Charakter der Bogenschützen ist die Schlacht von Hastings, die im wesentlichen durch den Tod des angelsächsischen Königs entschieden wurde, der laut schriftlichen Überlieferungen einem normannischen Pfeil zum Opfer fiel. Auf dem Teppich von Bayeux sind 24 Prozent aller Pfeiltreffer Kopftreffer, was den ballistischen Einsatz der Bögen bestätigt. Von einer Vielzahl anderer Schlachten ist außerdem bekannt und durch umfangreiche Pfeilfunde belegbar, daß, bevor es zum eigentlichen Zweikampf kam, Bogenschützen von Angreifern und Verteidigern den jeweiligen Gegner sturmreif schossen. Nicht selten kam es vor, daß Pfeile während der Schlacht aufgesammelt und zurückgeschossen wurden.

Ihre Pfeile transportierten die Bogenschützen in Pfeilköchern, die entgegen den gängigen „Robin-Hood"-Phantasien nicht auf dem Rücken sondern am Gürtel

(Folgende Doppelseite) Die größte Wirkung erzielten die Bogenschützen, wenn sie zu mehreren den Feind mit einem Pfeilhagel eindecken konnten. Bevor es bei Schlachten in der Wikingerzeit zum Nahkampf kam, wurden meistens Bogenschützen zusammen mit Speerwerfern und Axtwerfern eingesetzt. Gesetze aus Norwegen und Schweden über die Absolvierung des Leding bestimmten, daß jeder Waffenpflichtige beim Antritt seines Dienstes einen Bogen mitzubringen hatte.

um die Hüfte getragen wurden, was ein schnelleres Schießen und Nachlegen ermöglichte. Auch war es durchaus gebräuchlich, Pfeile ohne Köcher in den Gürtel zu stecken oder sie griffbereit vor dem Bogenschützen in den Boden zu stecken.

Obwohl ein Bogen nicht die billigste Waffe war, deuten doch Schriftquellen darauf hin, daß Bogenschützen meistens arme Leute waren, die sich Schwert, Rüstung und Helm nicht leisten konnten. Die Sagas berichten aber auch von großen Helden, deren bevorzugte Waffe der Bogen war, Einar Tambarskelve zum Beispiel, den der Bericht von der Schlacht bei Svöldr an der Seite Olaf Tryggvasons sieht. Nachdem er Eric Hakonsson, einen der gegnerischen Anführer, knapp verfehlt hatte, brach sein Bogen durch einen Pfeiltreffer. Auf die Frage Olafs, was da mit solchem Krach gesprungen sei, antwortete er: „Norwegen, König, aus Eurer Hand.“ Wie heute Lesen und Schreiben zu den Grundkenntnissen der meisten Menschen gehören, ist davon auszugehen, daß der Gebrauch von Pfeil und Bogen im Frühmittelalter jedermann bekannt war und von klein auf geübt wurde, zum Beispiel bei der Jagd.

(Links) Um eine hohe Durchschlagskraft zu erreichen, verfügten die Bögen über ein Zuggewicht von bis zu neunzig Pfund. Nach dem Einlegen des Pfeiles wurde der Bogen während des Hochnehmens ausgezogen, bis die Hand, die die Sehne zieht, an der Wange anliegt. Nun folgt sehr schnell der Schuß, da ein langes Halten zu sehr ermüdet und die Zielgenauigkeit nachläßt.

(Unten) Bei den hier abgebildeten Pfeilspitzen handelt es sich um Modelle mit angesetzter Tülle, die auf den Pfeilschaft aufgesteckt wurden. Die beiden oberen verfügen über Widerhaken, was das Herausziehen aus Wunden für die Jagdbeute oder den Kriegsgegner erschwerte. Die dritte Spitze ist die eines Brandpfeiles, sie verfügt über ein Körbchen, in dem öl- oder pechgetränktes Werg befestigt wird. Dieses wird kurz vor dem Verschießen des Pfeils angezündet. Der stumpfe Holzpfeil wurde zur Jagd auf Kleitiere oder zum Übungsschießen genutzt.

(Unten) Neben dem Aufstecken der Pfeilspitze auf den Schaft mittels einer Tülle war es auch üblich, den Pfeilschaft einzukerben und die mit einem Steg versehene Spitze hineinzuklemmen. Anschließend wurde der Schaft in dem gekerbten Bereich mit Birkenpech getränkt. Das klebrige Birkenpech wurde nun noch mit Garn umwickelt, um einen noch festeren Halt der Spitze zu gewährleisten. Bei der hier abgebildeten Pfeilspitze handelt es sich um einen Kreuzschneider, zwei Klingen, die im Winkel von 90 Grad versetzt hintereinander angebracht sind. Nicht selten wurde das Aufsetzen der Pfeilspitzen auf den Schaft sowie das Befiedern des Pfeilschaftes mit Gänse- oder Entenfedern, das eigentlich als typische Kriegerarbeit galt, von den Frauen erledigt.

(Links) Dieser Bogenschütze trägt, wie es damals üblich war, seinen Pfeilköcher am Gürtel. In Schlachten wurden oftmals die Pfeile zum Transport auch direkt in den Gürtel gesteckt. In einem Köcher hatten bis zu vierzig Pfeile Platz. Sobald diese verschossen waren, war es durchaus üblich, umherliegende Pfeile des Gegners oder solche, die im Boden steckten, aufzusammeln und zurückzuschießen. Unser Bogenschütze ist mit seinem Polsterwams etwas zu schwer gerüstet. Auf dem Teppich von Bayeux ist nur einer von einer Vielzahl abgebildeter Bogenschützen mit einem Kettenhemd ausgerüstet, der Rest trägt nur Tunika. Obwohl im Nahkampf gerüsteten Kriegern hoffnungslos unterlegen, hält er hier auf eine größere Distanz drei Krieger in Schach, da sein Pfeil sowohl ihren Schild als auch die Kettenhemden durchschlagen würde.

(Rechts) Zum Schutz der Finger wurde ein Lederstück getragen, das ein Einschneiden der Sehne in die Finger verhinderte. Die genaue Form läßt sich nicht rekonstruieren, da kein Fundstück erhalten ist. Allerdings würde das Schießen ohne einen solchen Schutz nach fünf bis zehn Schuß zur Qual.

(Links) Diese Detailaufnahme verschiedener Pfeilspitzen sowie der Befiederung und zweier Pfeilnocken läßt die Bauweise gut erkennen. Die zwei rechten Pfeilspitzen sind lanzettförmig, die Wucht ihres Aufschlages konzentriert sich auf einem winzigen Punkt. Dadurch können sie die Ringe eines Kettenhemdes aufsprengen, obwohl diese vernietet sind. Links neben diesen lassen sich zwei Pfeile mit breiten, flachen Spitzen erkennen. Wurde ein Opfer mit so einer Pfeilspitze getroffen, riß diese einen so breiten Wundkanal, daß es in der Regel verblutete. Ganz rechts ist nochmals die mörderische Spitze eines Kreuzschneiders zu sehen.

Rus - Die Wikinger im Osten

Kaufleute der Wikinger, vorwiegend aus Schweden, erreichten über die Ostsee, die Newa, den Ladogasee, den Wolkow, den Ilmensee (von wo aus die Schiffe getragen oder über feuchte Baumstämme gezogen wurden, um auf dem Lovat wieder zu Wasser gelassen zu werden), den Dnjepr und schließlich das schwarze Meer und Byzanz, mit dem intensiv Handel betrieben wurde. Sogar bis zum Kaspischen Meer und nach Bagdad gelangten Wikinger, indem sie über Stavaja Ladoga und Novgorod reisten, um an die Wolga zu gelangen, die ins Kaspische Meer mündet. Die Wikinger begannen, entlang der Handelswege zu siedeln und machten sich schnell die örtliche slawische Bevölkerung zu Untertanen. So wurde Kiew, dessen Bevölkerung aus Slawen bestand, seit 858 von schwedischen Wikingern regiert

(Links) Die Reise der Wikinger nach Osten war beschwerlich und führte durch Landstriche, die von kriegerischen nomadischen Reitervölkern bewohnt waren. Nicht zuletzt aus diesem Grund waren die Rus im Osten als Kriegerhändler bekannt, sie konnten sich durchaus ihrer Haut wehren. Unser Rus ist einer der reicheren Händler. Über seiner Pluderhose trägt er zwei Tuniken, eine Untertunika aus Leinen und eine Obertunika aus friesischem Wolltuch. Beide sind fein gewebt und aufwendig gefärbt. Neben einer Lederkappe mit Pelzbesatz trägt er gegen die Kälte in den östlichen Regionen einen mit Pelzrand versehenen Klappenrock und hohe Lederstiefel. Über seine Schulter trägt er eine messingverzierte Axt, die sowohl als Waffe als auch als Werkzeug wichtige Dienste in den Weiten der russischen Wälder leistete. Ein verziertes Trinkhorn und Gürteltaschen runden den mitgeführten Besitz ab.

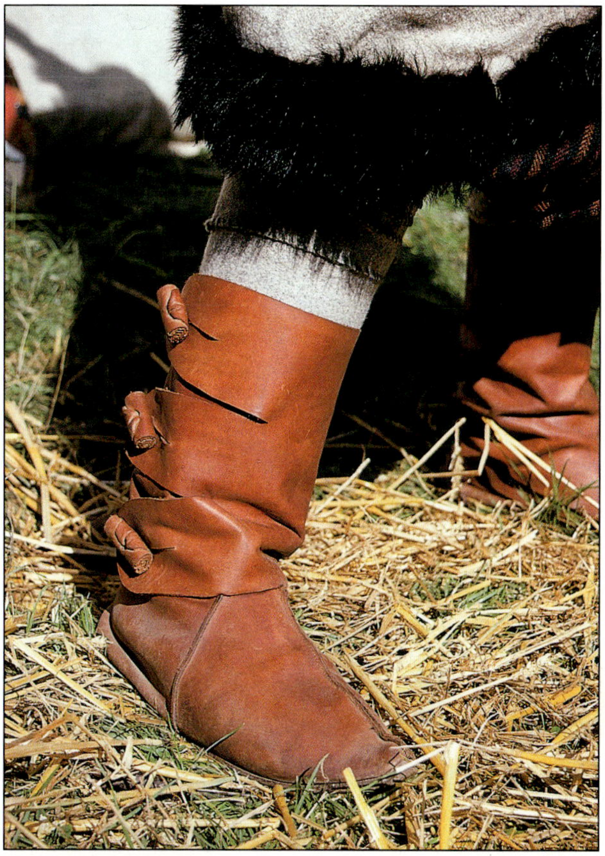

(Oben) Die mit drei Lederknebeln zu verschließenden hohen Stiefel unseres Rus sind nach Modellen rekonstruiert, die in Ladoga und Haithabu gefunden wurden. Bis zum Knie sind seine Beine in Wickelgamaschen gehüllt.

(Links) Armreifen wie der abgebildete wurden sowohl von Männern als auch von Frauen getragen und dienten als Wertanlage, bei Bedarf auch als Zahlungsmittel. Notfalls wurden sie dafür zerhackt, wenn man kleinere Mengen Silbers brauchte. Nicht selten zierten Tierköpfe die gedrehten Silberdrähte. Es wurden aber auch Stücke gefunden, die aus verschiedenen Metallen wie Silber und Bronze oder Gold und Silber angefertigt waren.

und Händler sammelten sich hier alljährlich, um sich nach Byzanz zu begeben. Die beschwerlichen, langwierigen Reisen über die Flüsse wurden aber von den Rus, wie die Slawen die Wikinger nannten, nicht nur zu Handelszwecken unternommen, auch Kriegsflotten bei ihren Plünderungen bahnten sich hier ihren Weg.

Die Wikinger und ihre Vorfahren bereisten die Flüsse schon seit dem 7. Jahrhundert, die ersten bewaffneten Übergriffe sind allerdings auf 852 datiert, als schwedische Wikinger ein hohes „Danegeld" von den Bewohnern Novgorods einforderte. Auch zwei erfolglose Angriffe auf Miklagard, wie die Wikinger Byzanz nannten, wurden um 900 von Kiew aus über den Dnjepr und das Schwarze Meer geführt. Weitere folgten 907, 941 und 944, in diesem Zeitraum wurde die skandinavische Wikingerbevölkerung allerdings bereits von der slawischen aufgesogen und übernahm deren Kultur.

(Links) Obwohl auf vielen Darstellungen die Wikinger mit einfachen Lederkappen gezeigt wurden, ist anzunehmen, daß diese mit Fellrändern versehen waren. In Birka, einem schwedischen Osthandelszentrum, wurden Fragmente eines Fellrandes sowie Lederfragmente gefunden, die zu einer Mütze wie der hier gezeigten gehört haben könnten. Klappenröcke lassen sich anhand von Textilfunden aus Haithabu sowie nach Abbildungen, zum Beispiel den in Valsgärde gefundenen Helmplatten, rekonstruieren und wurden von wohlhabenderen Wikingern getragen. Sie hatten keine Knöpfe oder Knebel, sondern wurden durch den Gürtel des Mannes geschlossen.

(Unten) Aus dem Orient stammt vermutlich das Vorbild für die Pluderhosen, die bald in ganz Skandinavien als Modeerscheinung getragen wurden. Arabische Händler bezeichneten die Rus auch als „das Volk mit den Hosen aus 100 Spannen Tuch“, was auf die Menge an Material schließen läßt, die in diesen Hosen verarbeitet wurde. Kurz unter dem Knie wurden die Hosen durch Riemen oder Borten eng geschnürt. Gut zu erkennen ist hier auch eine weitere Variante der hohen Lederstiefel, die diesmal mit Knebeln aus Horn verschlossen sind.

Der Name Rus blieb allerdings bis heute im Namen Rußland erhalten. Er ist entweder von dem schwedischen Namen Roslagen, einem Landstrich in der Nähe von Stockholm, abgeleitet oder vom skandinavischen Wort für Rudern, eine Tätigkeit, die auf den östlichen Flüssen oft notwendig wurde. Wie auch anderorts übernahmen die Wikinger viele örtliche Gepflogenheiten, wie zum Beispiel Bekleidungsmoden. So hat wahrscheinlich die weitfallende Pluderhose, die sich allmählich auch in Skandinavien ausbreitete, ihren Ursprung im Osten. Aber auch die Nordmänner hinterließen ihre Spuren, so fand man Wikingerfriedhöfe bei Smolensk, Kiew, Grezdowa und Novgorod. Die auch als „Händler mit dem Schwert“ bekannten Wikinger, die den Osten befuhren, sammelten nicht selten ihre Handelsware auf der Fahrt durch Plünderungen oder Gefangennahme von Sklaven ein, um sie anschließend gegen das begehrte Silber des Ostens sowie Gewürze und Salz einzutauschen. Honig, Wachs, Waffen, Pelze und Sklaven dienten hierbei als Gegenleistung. Vom intensiven Handel zeugen auch viele Funde von Gegenständen eindeutig orientalischen Ursprungs in Skandinavien, zu denen auch ein kleiner Buddha und ein Kohlebecken in Form einer Moschee zählen.

(Links) Diese Ledertasche, die mit einem Lederknebel verschlossen wird und mit zwei Lederriemen am Gürtel hängt, nimmt die Dinge des täglichen Bedarfs wie Geldbeutel und Waage des Händlers auf. Die reiche Verzierung zeigt das Bildnis eines Ungeheuers, welches mit einer Schlange ringt, die sich um Hals und Körper des Tieres windet. Schwanz und Kopf gehen in Blattranken über, wie es oft bei Motiven des Mammenstils vorkommt. Das Originalmotiv befindet sich auf einem Gedenkstein König Haralds für seine Eltern, der in Jellinge gesetzt wurde.

(Rechts) Dieser Rus trägt zwar auch Pluderhosen, aber seine gröbere Bekleidung in gedeckten Farben oder auch naturbelassenem Material deutet auf seine schlechteren materiellen Verhältnisse hin. Die Kappe, die er trägt, ist aus Filz und mit Fell besetzt. Anstelle des Klappenrocks schützt ihn eine Gugel aus Wollstoff gegen die Kälte.

(Unten) Ein weiterer Kunststil war der Jellingestil, in dem das Motiv dieser Tasche gehalten ist. Im Profil abgebildete Köpfe, spiralförmige Hüften, S-förmige Körper mit Zierbändern und rankenartige Auswüchse sind charakteristisch für ihn. Münztaschen ähnlicher Art, mit und ohne Verzierung und in verschiedensten Größen, wurden im gesamten Einflußbereich der Wikinger gefunden.

Kampfweise der Wikinger

Einen wesentlichen Vorteil sicherten sich die Wikinger gegenüber ihren Gegnern durch den Überraschungseffekt. So fanden die meisten der Plünderungszüge von See her ohne jegliche Vorwarnung statt, was Verteidigern wie Friesen, Angelsachsen oder Franken nicht einmal die Möglichkeit gab, eine Abwehr aufzubauen. Oftmals war aber auch die Auswahl des Ziels, wie zum Beispiel kaum bewachter und unverteidigter Klöster, die aber reichhaltige Beute bargen, ein Garant für den Erfolg. Den ersten schriftlich erwähnten Überfall stellt hierbei die Plünderung von Lindisfarne an der ostenglischen Küste 793 dar.

Waren es anfangs nur kleine Wikingergruppen, die plündernd in England und auf dem Kontinent einfielen, so änderte sich dies zusehends mit der Einigung von Königreichen wie Norwegen und Dänemark, und immer häufiger kam es vor, daß große Wikingerheere an Land gingen, plünderten und anschließend mit der Besiedlung begannen, die auch als Landnahme bezeichnet wurde. Nicht selten bedienten sich diese Wikingerheere, die auf See durch ihre schnellen und wendigen Schiffe eine hohe Mobilität erhielten, an Land erbeuteter Pferde, um ihre Plünderungszüge weiter ins Inland auszudehnen. Nur so war es auch möglich, daß 866 Wikinger aus der damals schon besetzten angelsächsischen Provinz East Anglia York überfallen konnten. Bereits 850 hatten dänische Wikinger damit begonnen in England zu überwintern, wo sie auch Danegeld für Friedensversprechen kassierten. Zum Beispiel zahlte die Grafschaft Kent 865 große Summen für den Frieden, wurde aber trotzdem in der Folge Opfer eines großangelegten Plünderungszuges. Nach 870 beherrschten die Wikinger das gesamte Mittelengland von Küste zu Küste, die Angelsachsen nannten diesen Teil Englands „Danelag“. Immer wieder versuchten englische Könige die Invasoren wieder aus dem Land zu drängen, mit wechselndem Erfolg. Hierbei kam es oftmals zu Feldschlachten wie 937 Brunanburh oder 991 der bei Maldon. In diesen Schlachten bewiesen die Wikinger, daß sie auch an Land in einer offenen Feldschlacht bestehen konnten. Die Schlacht von Brunanburh wird besonders dadurch interessant, daß hier Wikinger auf Wikinger trafen. Ein angelsächsisches Heer, verstärkt durch angeheuerte dänische Wikingersöldner, trat gegen rebellische Wikingerlords norwegischer Herkunft aus Irland und dem östlichen Danelag an.

Landschlachten wurden im Frühmittelalter im wesentlichen zu Fuß geschlagen, und der taktische Einsatz berittener Truppen war eine Seltenheit, die sich erst im 11. Jahrhundert weiter verbreitete, allerdings verfügten das Frankenreich und auch Byzanz schon über hervorragende Kavallerieverbände in nennenswerter Stärke. Für die Wikinger stellte das Pferd im Wesentlichen ein Transportmittel dar, man setzte höchstens Meldereiter ein. Dies beweisen auch die Verluste der Schlacht von Saucourt 881 gegen die Franken und gegen die Byzantiner bei Slistria 972, bei denen Wikingerheere die Schlachten zwar nur knapp, aber eindeutig aufgrund der Überlegenheit der gegnerischen Kavallerie verloren. Keine Regel ohne Ausnahme: 888 setzten Wikinger bei der Schlacht von Montfaucon in Frankreich einen größeren Kavallerieverband ein, und auch 968 bei der Schlacht von Sulcoit in Irland läßt sich anhand schriftlicher Überlieferungen Wikingerkavallerie nachweisen. Bei den Wikingern wurden Ort und Zeitpunkt einer Schlacht manchmal sorgfältig vorher zwischen den Gegnern abgesprochen, das Schlachtfeld wurde dann mit Haselnußzweigen regelrecht abgesteckt. Ein

(Links) Der Schildwall war die grundlegende Formation bei Schlachten der Wikingerzeit. Die Krieger überlappten hierbei ihre Schilde, wodurch der Wall so kompakt wie eine Mauer wurde. Über die Schilde hinweg konnte geschlagen sowie mit Speeren gestochen werden. Der abgebildete Schildwall geht gerade vor und die Krieger schlagen, um den Gegner zu beeindrucken mit ihren Waffen auf den Schildrand, was einen ohrenbetäubenden Lärm erzeugt. Die Schilde der Wikingerzeit waren zwischen 60 und 100 cm im Durchmesser und verfügten über einen halbkugelförmigen Metallbuckel, hinter dem auf der Rückseite der Handgriff lag. Der Buckel sollte die Hand schützen, denn in der Schildfläche war an dieser Stelle ein Loch.

(Rechts) In den Schlachten standen die Krieger wahrscheinlich dicht an dicht gedrängt, und sobald zwei Schildwälle aufeinandertrafen, versuchte die eine Seite bei der anderen einen Durchbruch zu erzielen. Bei der Schlacht war der Druck auf die vorderen Reihen der aufeinanderprallenden Schildwälle teilweise so groß, daß Tote nicht umfallen konnten sondern einfach in der Menge mitgedrückt wurden. Wurde ein Durchbruch erzielt, versuchte man diesen zu vergrößern, und nicht selten wurde das Schlachtfeld zu einem chaotischen Durcheinander, wo nun Zweikämpfe Mann gegen Mann stattfanden.

Verlassen des Feldes oder Nichteinhalten der Absprache war ein deutlicher Verlust an Ehre, eine Tatsache die sich die Angelsachsen zu Nutze machten, um plündernde Wikingerheere eine Zeitlang aufzuhalten.

Die grundlegende Schlachtaufstellung bildete der „skjaldborg“ genannte Schildwall, bei dem die Kämpfer dicht an dicht standen und die Schilde aneinandergereiht oder sogar überlappend hielten. Das Überlappen der Schilde läßt allerdings keine weit ausgeholten Schläge mit Schwertern oder Äxten mehr zu, so daß wahrscheinlich nur noch ein Stechen und das Parieren der gegnerischen Lanzen für die erste Reihe zu tun übrig blieb. Hinter den Schildträgern standen mit Speeren, Lanzen und Langäxten bewaffnete Krieger, die über die Schilde ihrer Vorderleute hinweg operierten. Je nach Größe des Heeres konnten auch mehrere Schildwälle hintereinander stehen. Aus schriftlichen Quellen geht hervor, daß die Schildwälle gegeneinander prallten und nun so lange aufeinander eingeschlagen und gestochen wurde, bis eine Seite einen Durchbruch erzielte. Es ist anzunehmen, daß nach dem Aufprall der Schildwälle aufeinander diese sich seitlich entwerten, so daß die Schilde frei wurden und nun auch Schläge mit Axt und Schwert möglich wurden. War der gegnerische Schildwall durchbrochen, kam es nicht selten vor, daß das Heer des Gegners in einem heillosen Chaos auseinander stob. Hier mußte nun der Heerführer sein Können beweisen und während der Schlacht zurückgehaltene Kontingente seiner Armee an Schwachstellen einsetzen oder eventuell in Auflösung begriffene Krieger sammeln und neu formieren. Ein wesentlicher Aspekt dieser Kampfweise war auch die Ausnutzung des Geländes, und nicht selten waren Heere, die höhergelegenes Terrain hielten, überlegen. Vor und während des eigentlichen Gefechts wurden Bogenschützen und Speerwerfer mit ihren Waffen dazu eingesetzt, den Feind auszudünnen und somit Schwachstellen zu schaffen. Diese Schwachstellen wurden dann in der Schlacht gezielt mit einer speziellen Keilformation angegriffen, die als „svinfylka“ bekannt war. Bei dieser Formation handelte es sich um eine keilförmige Schildanordnung mit zwei Kämpfern an der Spitze, drei in der zweiten Reihe, fünf in der dritten und so weiter, wobei jeweils die Außenstehenden Schilde trugen, die überlappten und über die hinweg wie beim Schildwall die Innenstehenden Speerkämpfer agierten.

Das Wikingerheer setzte sich im Frühmittelalter aus zwei Bestandteilen zusammen: Einerseits Freie, die zu Waffendiensten verpflichtet waren, andererseits sogenannte Hersir, die dem Anführer, einem Jarl oder später einem König, Loyalität schuldeten. Bei einem Hersir handelte es sich um einen Landbesitzer und regionalen Führer. Meistens unterstellte er dem Heer neben seiner eigenen Kampfkraft noch ein paar bewaffnete Knechte, die ihm dienstverpflichtet waren. Ein Hauptziel in der Schlacht war der gegnerische Anführer. Starb dieser, so endete für die Gemeinen auch die Dienstpflicht, außerdem konnten die schlecht geschulten Truppen den Ausfall des Befehlshabers nur selten ausgleichen und wurden daher schnell aufgerieben, wenn sie sich nicht sowieso abgesetzt hatten.

Seeschlachten der Wikinger wurden nach dem gleichen Prinzip wie die Landschlachten ausgeführt. Man vertäute die eigenen Schiffe miteinander, um so eine Plattform zu schaffen, auf der man einen Schildwall bilden konnte. Die Angreifer versuchten nun, wie bei den Schlachten von Hafrsfjord 872, Svöldr 1000 und Nissa 1062, diese Plattform zu stürmen, wobei man Schiff für Schiff freikämpfte und anschließend von der Formation

Berserker

Häufig wird in den Sagas über Berserker oder Ulfhednar berichtet. Dabei handelt es sich um Krieger, die angesichts eines Kampfes in eine Raserei verfielen, in der sie enorme Kräfte entwickelten und Schläge und Wunden nicht mehr spürten. Ob dieser Zustand nun aus einer Geisteskrankheit resultierte, aus dem Gebrauch von Fliegenpilz als Rauschgift oder aus einer epileptischen Erkrankung, wie auch vermutet wird, auf jeden Fall galten unter den heidnischen Wikingern die Berserker als von Odin besessen und waren hochangesehen. Die Sagas statten die Leibgarde jedes Königs, der auf sich hält, mit mindestens einem Dutzend von ihnen aus. Den Christen waren sie eher suspekt, und „Berserk zu gehen" stand später im christlichen Island unter Strafe. Typische Anzeichen für einen Berserker war, neben der schon erwähnten Unempfindlichkeit gegenüber Wunden, daß er sich die Kleider vom Leib riß und mit nacktem Oberkörper kämpfte. Die Bezeichnungen Berserker und Ulfhednar spielen auf die Tierfelle an, die diese Kämpfer trugen, Berserker bedeutet Bärenhemd, Ulfhednar heißt Wolfsmantel. In einer Schachfigurengruppe, die im 12. Jahrhundert auf den Hebriden geschnitzt wurde, sieht man einige Krieger, die in ihren Schildrand beißen. Auch dies gilt als eindeutiges Kennzeichen eines Berserkers.

(Oben) Eher selten befaßten sich die Wikinger mit der Erstürmung von Befestigungsanlagen. Ein Angriff mit Sturmleitern auf eine Wallburg wie hier ist aber durchaus denkbar. So eroberten Wikingerheere Städte wie York, Paris und Bremen, wobei hier jedoch fraglich ist, ob diese wirklich erstürmt wurden oder sich nach einer Belagerung durch die Wikinger ergaben. Die üblichen Verteidigungsanlagen der Wikingerzeit waren Wallburgen oder Erdwälle, die über eine Palisade oder wie hier über hölzerne Zinnen verfügten. Hier versuchen Wikinger gerade diese Zinnen zu übersteigen, was an anderer Stelle vermutlich schon gelungen ist, jedenfalls deutet das Kampfgetümmel auf dem Wehrgang darauf hin.

löste, so daß es abtrieb. Für diese Aktion verfügte jede Seite über eine Anzahl nicht vertäuter Schiffe, die frei manövrierbar waren und an den Außenschiffen der gegnerischen Formation längsseits gehen konnten um zu entern. Vorbereitet wurde dieser Vorgang mit einem Hagel von Pfeilen, Steinen und Wurfspeeren von beiden Seiten, um den Gegner zu schwächen oder am Anlegen zu hindern. Gelang es den Verteidigern hierbei, die gegnerischen Ruderer auszuschalten, oder wurden beim Längsseits gehen die Ruder der Schiffe zerstört, führte dies nicht selten zum Scheitern des Angriffes. Elemente einer wirklichen Seeschlacht jedoch wie Ausmanövrieren und gegen den Wind abdrängen, der Einsatz von Katapulten oder das Rammen, um das gegnerische Schiff zu versenken, waren bei den Wikingern nicht üblich, zumal die Schlachten auch meistens in ruhigen, küstennahen Gewässern und Flußmündungen stattfanden, wo für solche Manöver der Platz fehlt.

Die Größe der Wikingerheere wandelte sich von kleinen Gruppen in den Anfängen zu größeren, eine Veränderung, die sicherlich auch in der Einrichtung und Einigung der skandinavischen Königreiche ihre Ursache hatte. In einer Angelsächsischen Schrift, die aus der Vorwikingerzeit stammt, zählt alles als „Heer", was mehr als 35 Krieger umfaßt, daher ist anzunehmen, daß frühe Wikingerüberfälle von solchen zahlenmäßig klei-

(Links) Zu Beginn der Überfälle in Europa waren die Wikingerheere klein, so daß die hier bei einem Angriff abgebildete Wikingerschar durchaus als Armee gelten kann. Der hohe Anteil Speerkämpfer in der Schlachtreihe ist realistisch, der Speer war im Vergleich zum Schwert die deutlich billigere Waffe. Die Szene könnte sich etwa so abgespielt haben, wenn Wikinger ein nur schlecht verteidigtes Dorf oder ein Kloster überraschend überfielen.

nen Heeren verübt wurden. Auch in späteren Schlachtbeschreibungen werden selten die Mannschaftsstärken genannt, Wikingerheere werden in der Regel anhand der Anzahl Schiffe beschrieben, wobei die Besatzungen der Schiffe unterschiedlich groß sein konnten, je nach Anzahl der Ruder.

Bei den frühen Wikingerfahrten handelt es sich um von lokalen Schiffsbesitzern ausgerichtete Operationen, deren Ziel die Landnahme und der Erwerb von Reichtum war. Die Besatzungen bestanden aus Angehörigen der Familie oder des Klans sowie Nachbarn, die ihre gesamte Kriegsausrüstung selbst mitbrachten. Eine solcher Wikingertruppe versorgte sich selbst mit dem, was sie bei ihren Raubzügen erbeutete. In vielen Fällen handelte es sich auch um kriegerische Händlergruppen, die bei einer Plünderung erbeutete Sklaven und Waren anderorts verkaufen. Zwar verfügten solche „Heere" über einen Anführer, allerdings wurden wichtige Entscheidungen oftmals vorher von der Allgemeinheit besprochen.

Auch für seine kämpferische Ausbildung war jeder selbst verantwortlichen, wobei schon von klein auf jeder Junge bei der Jagd Fähigkeiten wie Kraft, Gewandtheit und Schnelligkeit schulte, die auch für den Kampf wichtig waren. Mit zunehmendem Alter wurde er durch seinen Vater im Kampf mit Waffen unterwiesen und trainierte diesen mit Brüdern und Freunden. Im Alter zwischen 12 und 15 Jahren war es für Skandinavier durchaus üblich, auf die erste große Fahrt zu gehen.

(Oben) Nach oder auch schon während einer Schlacht wurden die Toten und Verwundeten geplündert. Dabei nahm man ihnen nicht nur Geld und Schmuck ab, auch Rüstungsteile und Waffen bildeten eine begehrte Beute. Der Teppich von Bayeux zeigt Leichen, die wirklich bis auf die nackte Haut ausgeplündert sind. Vielleicht hat der hier abgebildete Plünderer nach dieser Schlacht auch endlich das heißbegehrte Paar Schuhe in seiner Größe und muß nicht mehr barfuß laufen.

(Unten) Diesem Freien, der wahrscheinlich seiner Pflicht zum Leding nachkommt, ist deutlich anzusehen, daß er lieber sein Feld bestellen als in die kommende Schlacht ziehen würde. Seine Bekleidung und Bewaffnung ist typisch für den armen Wikingerkrieger, wie er wahrscheinlich die Regel in den Wikingerheeren war. Er verfügt über keinerlei Rüstung außer seinem über den Rücken gehängten Schild. Bewaffnet ist er lediglich mit einer Lanze und ein Paar Wurfspeeren. Sein Gesichtsaus- druck läßt vermuten, daß ihm der Spruch aus dem Havamal, einer Sammlung von Sprichworten, durch den Kopf geht, der da lautet: „Leben ist besser, auch Leben in Armut, der Lebende kommt noch zur Kuh. Feuer sah ich rauchen vor des Reichen Haus doch er lag tot vor der Tür."

Mit der Einigung norwegischer und dänischer Provinzen und der Errichtung von Königreichen änderte sich auch die Form der Heere. Der König war zuständig für die Landesverteidigung und in den Wikingerkönigreichen bestand nun das sogenannte „Leding", eine Art Wehrpflicht, bei der sich jeder, der Land besaß, Schiffe, Männer, Waffen und Ausrüstung stellen mußte. Die Anzahl richtete sich hierbei nach der Größe des Landbesitzes. Später wurde das Leding durch eine Abgabepflicht ersetzt, so daß Berufsheere und Söldner bezahlt werden konnten. Der König führte seine Streitmacht und wurde hierbei von der „Hird", seiner persönlichen Leibwache, die ihm den Treueeid geschworen hatte, begleitet und geschützt. Große Heere, wie zum Beispiel das von Harald Hardrada mit ca. 240 bis 300 Schiffen, das 1066 nach England segelte und bei der Schlacht von Stamford Bridge geschlagen wurde, waren keine Seltenheit mehr. Olaf Tryggvason überfiel 991 mit einer Flotte aus 93 Schiffen voller ihm ergebener Krieger Maldon, um Geld für die Erringung des norwegischen Thrones zu erlangen. Hierbei bestand das Heer aus Kriegergruppen, die einem Jarl treue Dienste leisteten, der wiederum dem jeweiligen König diente. Oft kam es

(Links) Bevor man zum Nahkampf überging, versuchte man mit Bogenschützen oder wie hier Speerwerfern die Reihen des Gegners auszudünnen. Schmuckstücke, auf denen Krieger zu sehen sind, sowie Abbildungen auf Steinen zeigen Krieger mit Schild und Speer, die im Schildarm noch weitere Speere mit sich führen, bei denen es sich vermutlich um leichte Wurfspeere handelte.

vor, daß die Wikingerkönige wie zum Beispiel Harald Blauzahn an Krieger ihrer Heere Waffen und sogar Rüstungen ausgaben. Eine weitere Entwicklung war die Aufstellung von Söldnerheeren wie dem Thorkels des Großen, die nur sich selber und dem, der am meisten zahlte, treu waren.

Als Befestigungsanlagen sind aus der Wikingerzeit im Wesentlichen die dänischen Wallburgen Fyrkat, Aggersborg, Trelleborg und Nonnebakken sowie das Danewerk bekannt. Beim Danewerk handelt es sich um eine wallartige Befestigungsanlage im Süden von Jütland auf Höhe der heutigen Stadt Schleswig, die natürliche Hindernisse miteinander verband und Schutz vor den Slawen und deutschen Überfällen bieten sollte. Die ersten Teile dieses Wallsystems wurden schon um 737 errichtet und die letzte Bautätigkeit läßt sich auf 968 datieren. Auf einer Gesamtlänge von 30 km gab es nur ein großes Tor in dem mit Holzpalisaden und Gräben verstärkten 2 m hohen und 12 m breiten Wall, durch das der Heerweg bis nach Viborg reichte und durch das sämtlicher Handelsverkehr laufen mußte. Haithabu, eine der wichtigsten Handelsstädte der Wikingerzeit, befindet sich im Bereich des Danewerks. Das Danewerk konnte aber nicht verhindern, daß Deutsche unter Kaiser Otto II weite Teile Süddänemarks 974 eroberten und bis 983 hielten.

Die oben genannten Wikingerfestungen, die alle in der zweiten Hälfte des 10. Jahrhunderts entstanden, gleichen sich alle in ihrer Form und Aufteilung. Lediglich die Größe ist unterschiedlich: Während Trelleborg, Fyrkat und Nonnebakken im Inneren eines Umfassungswalles mit Graben über 16 große Langhäuser in 4 Gruppen verfügten, weist Aggersborg den doppelten Walldurchmesser auf und verfügte über die dreifache Anzahl Häuser. Außerhalb der Wallanlagen sind jeweils von Festung zu Festung verschieden zusätzliche Wälle oder weitere Langhäuser vorhanden. Obwohl eine militärische Nutzung nicht von der Hand zu weisen ist, dienten die Burgen wohl eher als Schutz für die Bevölkerung und Unterkunft für Abgesandte des Dänischen Königs. Es ist aber auch denkbar, daß man in ihnen Krieger zusammenzog, um sie auf militärische Vorhaben vorzubereiten und auszubilden.

(Rechts) „Gott schütze uns vor der Raserei der Nordmänner." Dieser Wikinger stürmt auf einen Gegner los. Seinem Schild sieht man schon deutlich die Spuren der Schlacht an, wahrscheinlich stammt das Loch von Schlägen mit einer Langaxt. Schilde waren vermutlich Verbrauchsmaterial und es ist anzunehmen, daß sie selten länger als eine oder zwei Schlachten hielten. Allerdings stellte dieses kein Problem dar, da lediglich der Schildbuckel aus Metall war und recycelt werden konnte, man nagelte ihn einfach auf den neuen Schild. Holz für neue Bretter gab es zur Genüge und das ungegerbte Leder, mit der der Rand umnäht ist, ist schnell hergestellt.

(Links, oben) Bei Beschuß durch Pfeile oder leichte Speere war es möglich, mit den Rundschilden eine Schildburg zu formen, wobei bei genügender Anzahl von Kriegern auch Schilde zum Schutz nach oben gehalten wurden. Wenn der Beschuß des Feindes einmal aufhörte, nahm man schnellstmöglich wieder die ursprüngliche Form des Schildwalls ein, um dem Angriff des Feindes dann entgegentreten zu können. Gut zu erkennen auf diesem Foto und den anderen dieses Kapitels sind die verschiedensten Farbgebungen der Schilde, die von einfarbig über in verschiedenfarbige Segmente aufgeteilt bis hin zu aufwendigen Mustern reichen. Inwieweit solche bunten Schilde authentisch sind, läßt sich nur schätzen, allerdings wurden zum Beispiel auf den mit dem Gokstadtschiff gefundenen Schilden gelbe und schwarze Farbe nachgewiesen. Auf dem Osebergteppich ist ein Schild zu sehen, auf dem ein Kreuz aufgemalt ist, und auch Wellenlinien werden zum typischen Schilddesign gehört haben.

(Oben) Die beiden hier aufeinandertreffenden Schlachtreihen sind mit einer Vielzahl von Speeren ausgerüstet. In diesem Stadium des Kampfes waren die mit Schwert und Axt kämpfenden Krieger hauptsächlich damit beschäftigt, die Lanzen des Gegners zu parieren, währenddessen die eigenen Lanzenträger versuchten, Löcher im gegnerischen Schildwall zu durchstoßen und die dahinter befindlichen Krieger auszuschalten.

(Rechts) Der erste und dritte Schild dieses Schildwalls zeigen sehr schön, wie die Schilde aus einzelnen Brettern zusammengesetzt waren. Die Bretter wurden auf der Rückseite mit einer Querstrebe verbunden, die gleichzeitig den Handgriff bildete. Der Rand wurde mit einem Riemen aus Leder oder Rohhaut eingefaßt, der meistens wie beim vierten Schild dieser Reihe angenäht wurde, um Eisen zu sparen. Er kann auch angenagelt werden, nur war die Herstellung von Nägeln mühsam und teuer.

Leichtgerüsteter Wikingersöldner

Nur wenige Krieger konnten sich ein Kettenhemd leisten, zumal dieses durch spezialisierte Handwerker angefertigt werden mußte. Ein Polsterwams hingegen, wie es der hier abgebildete Krieger trägt, konnte von seiner Ehefrau, Mutter oder Schwester mit häuslichen Mitteln hergestellt werden und war somit leichter zu erlangen. Von den ledernen Exemplaren wird in einer zeitgenössischen Schriftquelle behauptet, daß nichts sie durchdringen konnte, als seien sie aus Kettengeflecht. Die Hose unseres Kriegers ist oben weit geschnitten, während sie unterhalb des Knies durch brettchengewebte Borten eng geschnürt wird.

Es gab im Skandinavien des 9. und 10. Jahrhunderts Söldnerbruderschaften, die nach fest vorgegebenen Regeln zusammenlebten, den Kampf trainierten und gegen Bezahlung für andere kämpften. Eine dieser Gruppen nannte sich Jomswikinger, vermutlich agierten sie von Jomsburg, dem heutigen Wollin an der Odermündung, aus. Ihre Regeln sind uns überliefert, denn die Jomswikinger haben schon zur Wikingerzeit die Phantasie der Dichter beflügelt und wurden oft in Schlachtbeschreibungen erwähnt. Ein Jomswikinger war, wenn die Regeln korrekt überliefert wurden, nicht jünger als 18 und nicht älter als 50 Jahre. Alle Angehörigen der Jomswikinger verfügten über außergewöhnliche Stärke. Die Mitglieder der Bruderschaft durften, wenn sie in ihrer Burg waren, nicht miteinander in Streit geraten, hatten alle Beute miteinander zu teilen und, im Falle daß einer zu Schaden kam, einander zu rächen. Feigheit zu zeigen, war ihnen verboten, und sie durften nur einem überlegenen Feind weichen. Frauen waren innerhalb der Jomsburg verboten und durften, genauso wie Kinder, auch nicht gefangengesetzt werden. Wer diese Regeln verletzte, mußte die Bruderschaft verlassen.

Den Jomswikingern wurde eine eigene Saga gewidmet, in der ihr Aufstieg und Fall erzählt wird und die um 1200 in Island niedergeschrieben wurde. Aber auch in anderen Sagas werden sie erwähnt, so erzählt die Saga von König Olaf Tryggvason, daß es eine Prestigesache war, die Jomswikinger zu verpflichten.

(Oben) Knauf und Parierstange dieses Schwertes sind mit Bronze und Silber tauschiert. Gut zu erkennen ist das reich verzierte bronzene Mundblech und die Aufhängung des Schwertgurtes mit Verzierungen im Jellingestil. Wir wissen nicht, ob dieser Reenactor seinem Schwert einen Namen gegeben hat, doch die Sagas der Wikinger erzählen von Waffen, die einen Spitznamen trugen. Manchmal griffen diese Spitznamen Details im Aussehen der Waffe auf, meistens jedoch klangen sie einfach nach Schlacht und Sieg. Schildrandkerber, Fußbeißer, Hauptröter, Rotschnabel und Blauzunge sind nur ein paar Beispiele für solche Bezeichnungen.

(Links) Spangenhelm mit Nackenschutz aus Kettengewebe und ein ledernes Polsterwams stellen die Rüstung dieses Kriegers dar, der sich gerade während einer Gefechtspause erfrischt. Neben seinem Schwert führt er noch einen Sax. Gut zu erkennen ist, daß nur der Oberkörper durch das Polsterwams abgedeckt wird, und dieses somit nur einen unzureichenden Schutz in der Schlacht bietet. Aus der Beschreibung der Schlacht um Stamford Bridge wissen wir jedoch, daß Wikinger, wenn sie auf eine hohe Bewegungsfreiheit sowie schnelles Vorankommen Wert legten, schwere Rüstungen wie zum Beispiel Kettenhemden direkt auf den Schiffen ließen oder sie während der Schlacht ablegten.

(Rechts) Die Brünne dieses Spangenhelms ist mit Leder unterlegt, was zu einem größeren Tragekomfort beiträgt. Zwar ist kein Fundstück vorhanden, das diese Lederunterlage belegt, jedoch zeigen Darstellungen des Teppichs von Bayeux Linien am Nackenschutz einiger Helme, die auf eine Einfassung hindeuten.

Segler, Schiffe und Schiffbauer

Die navigatorischen Leistungen der Wikinger waren herausragend. Während im restlichen Europa Seefahrt darin bestand, daß man in Sichtweite der Küste blieb, querten sie Nord- und Ostsee direkt und ihre Flotten müssen für die Opfer ihrer Plünderfahrten aus dem Nichts erschienen sein. Für uns, die wir unsere Position mit GPS auf wenige Meter genau bestimmen können, ja sogar für unsere Väter und Großväter, die sie mit Sextant und Chronometer doch zumindest einigermaßen eingrenzen konnten, scheint es ein Wunder, daß ein Wikingerschiff jemals dort ankam, wo es hin sollte. Aber die Navigation der Wikinger funktionierte verläßlich genug, um nach Island und Grönland regelmäßig befahrene Handelsrouten aufzubauen, um die neu gegründeten Kolonien zu versorgen. Insbesondere Grönland war für die gesamte Dauer seiner Besiedlung von diesen Lieferungen abhängig. Natürlich kam es auch mal vor, daß ein Kapitän sein Ziel verfehlte, wie zum Beispiel Bjarni Herjolfsson, der um 985 mit einer Fracht nach Grönland unterwegs war, statt dessen aber versehentlich Amerika anlief, vermutlich Neufundland. Nachdem er sich vergewissert hatte, daß er an der falschen Küste gelandet war, drehte er ohne an Land zu gehen wieder um und erreichte schließlich doch noch Grönland. Wenige Jahre später rüstete Leif Erikson, von Bjarnis Erzählungen angeregt, eine Expedition aus, um dieses neue, vielversprechende Land zu besiedeln.

Wie die Wikinger auf hoher See navigierten, ist uns leider nicht bekannt, die wahrscheinlichste aller Spekulationen geht davon aus, daß sie auf einer konstanten Breite segelten und erst in Küstennähe nach Norden oder Süden abdrehten. Um den Breitengrad zu halten, brauchte man nur darauf zu achten, daß der Polarstern, der in den von den Wikingern befahrenen Gewässern immer sichtbar ist, auf einer konstanten Höhe über dem Horizont blieb. Die zurückgelegte Strekke konnte man koppeln, das heißt nach vergangener Zeit und vermuteter Geschwindigkeit berechnen, eine Methode, die auch heute noch zur Positionsabschätzung angewandt wird. Für diese Annahmen spricht, daß in den Sagas Wikingerschiffe im Regelfall in Schlechtwetterperioden vom Kurs abkamen, also dann, wenn man über mehrere Tage den Polarstern nicht peilen konnte, die Windrichtung plötzlich wechselte oder starker Wind das Schiff schneller antrieb, als man erwartet hatte.

Die Schiffe der Wikinger bestechen noch heute durch ihre elegante Bauweise. Kaum ein Buch über Wikinger verzichtet auf eine Vorderansicht des 1880 in Gokstadt gefundenen Grabschiffes, wenn dieses auch vermutlich kein typisches Handels- oder Kriegsschiff ist, sondern eine Art Yacht. Zusammen mit dem Osebergschiff, das im 9. Jahrhundert für ein königliches Begräbnis benutzt wurde, und den Funden bei Skuldelev im Roskildefjord, wo man mehrere Schiffe fand, die im 11. Jahrhundert

(Links) Dieses Bild war im ganzen Europa des 9. und 10. Jahrhunderts gefürchtet: Ein Wikingerschiff nähert sich dem Strand. Schön zu sehen ist der hochgezogene Vordersteven, an dem die Planken ansetzen. Das Freibord, das heißt die Höhe der Seitenwände über dem Wasserspiegel war bei Wikingerschiffen relativ gering, trotzdem waren sie hochseetüchtig, wie die Fahrten nach Island, Grönland und Vinland (Amerika) bewiesen. Bei einer Spitzengeschwindigkeit von 11 Knoten konnte ein solches Schiff auf Hochseestrecken, wo Tag und Nacht gesegelt wurde, fast 500 Kilometer am Tag zurücklegen.

(Rechts) Die Steueranlage eines Wikingerschiffes. Das Seitenruder wurde am oberen Rand der Bordwand und kurz über der Wasserlinie befestigt. Der durch die lange Querstange am oberen Ende entstehende Hebel erlaubt es einem einzelnen Mann, das Ruder zu bedienen. Es war so lang, daß es bis deutlich unter die Kiellinie reichte. Bei Annäherung an einen flachen Strand konnte man es an Bord nehmen, damit es keinen Schaden nahm, wie es auf diesem Bild gerade geschieht. Normalerweise wurde es durch einen Lederriemen in Position gehalten, der durch die beiden Schlitze in dem Beschlag an der Bordwand rechts neben dem Ruder läuft. Auf diesem Bild sieht man auch deutlich, wie die einzelnen Plankengänge miteinander vernagelt sind. Die obere Plankenreihe liegt dabei jeweils außen an der unteren an.

(Links) Hier ist die Takelage des Schiffes gut zu erkennen. Nach vorn und hinten ist der Mast durch Stage zum Steven hin abgespannt, seitlich durch Wanten zur Bordwand. Von den unteren Ecken des Segels laufen Leinen zum Straffhalten des Segels zum Deck und zum Drehen der Rah sind an den beiden Enden der Rah Leinen angeschlagen, die zum Heck des Schiffes geführt werden. Die Takelage der Wikingerschiffe war bestens dazu geeignet mit dem Wind und quer zum Wind zu segeln, sogar mit Wind von schräg vorne kommen die Schiffe überraschend gut zurecht. Das Bild zeigt auch die charakteristische Anbringung der Schilde der an Bord befindlichen Krieger an der Bordwand.

versenkt wurden, um den Fjord für Angreifer zu sperren, ergibt sich ein Bild auch der Entwicklung der Schiffsbaukunst in Skandinavien. Der Schiffstyp, den die Wikinger bauten, war schon vor der eigentlichen Wikingerzeit entwickelt worden, wie der Grabfund von Sutton Hoo in Südostengland beweist, doch die Wikinger brachten ihn zur Perfektion.

Die Sagas vermelden viele Bezeichnungen für verschiedene Schiffstypen, die zu rekonstruieren uns heute schwer fällt, grob kann man jedoch zwei Klassen von Schiffen unterscheiden, Kriegsschiffe und Handelsschiffe. Die Bauweise ist zwar für alle Schiffstypen identisch, aber man erkennt deutlich, daß die Schiffe für verschiedene Anwendungen gebaut wurden. Ein Kriegsschiff sollte schnell und wendig sein, viele Männer transportieren und auch ohne Segel gut voran kommen. Es mußte nicht unbedingt hochseefest sein, man konnte für längere Fahrten auf gutes Wetter warten. Für die Geschwindigkeit sorgte ein Längen/Breitenverhältnis von 7:1, die Wendigkeit erreichte man durch einen leicht gekrümmten Kiel, der dem Schiff erlaubte, um die Mitte zu drehen. Um auch ohne Segel hohe Geschwindigkeiten zu erreichen, berücksichtigte man eine große Anzahl von Ruderern, das heißt man zog ein durchgehendes Deck ein und brachte auf der gesamten Schiffslänge Ruder an. Auffällig waren auch die entlang der oberen Bordwand befestigten Schilde der an Bord befindlichen Krieger. Sie wurden mit den Trageriemen um eine innenbords angebrachte Leiste geschlungen. Die Besatzung war vermutlich so groß, daß diese Ruder Tag und Nacht besetzt werden konnten. Handelsschiffe hingegen sollten viel Platz bieten, mit wenig Besatzung auskommen und auch einen Sturm auf See abwettern können. Sie waren dickbäuchiger als Kriegsschiffe, ihr Längen/Breitenverhältnis liegt bei 4:1 und sie hatten höhere Seitenwände, in der Mitte einen offenen Laderaum anstelle eines durchgehenden Decks und nur am Bug und Heck Decksplanken und Ruderluken. In erster Linie sollten sie gesegelt werden, sie zu rudern muß mühsam gewesen sein, zumal die Mannschaft sehr klein war. Die hochseetüchtige Skuldelev 1 hatte vermutlich nur 12 Mann an Bord, die ein 16,3 Meter langes Schiff manövrierten, dagegen wurde das 18 Meter lange Kriegsschiff Skuldelev 2 von schätzungsweise 30 Seeleuten bewegt.

Unabhängig davon, welchem Zweck ein Schiff dienen sollte, war die Bauweise bei allen Modellen gleich. Interessanterweise begann man mit der Außenhaut, erst wenn diese fertig war, wurde die Innenkonstruktion eingepaßt. Den Anfang machte man mit Vordersteven und Achtersteven, die so aus einem Stamm geschlagen wurden, daß gleich Ansätze für die späteren Planken stehen blieben. Dann fertigte man den Kiel aus einem separaten Stamm und verband ihn mit Vorder- und Achtersteven, anschließend wurden die ersten Planken seitlich am Kiel angesetzt, wobei die oberen Planken immer die unteren überlappten. Die Verbindungen machte man im skandinavischen Raum mit Eisennägeln, im Osten verwendete man hölzerne Bolzen, die verkeilt wurden. Jeder Plankengang wurde beim Aufbringen abgedichtet, auch hier unterscheidet sich die skandinavische Bauweise, die dazu Werg und Teer benutzte, von

(Rechts) Die Wikinger orientierten sich bei ihren Plünderungen entlang der größeren europäischen Flüsse. Hierbei ruderten sie unter anderem die Wolga, den Rhein, die Seine und die Loire hinauf, um Städte im Binnenland zu überfallen. Meistens mußte hierbei tagelang gegen die Strömung angerudert werden, wobei man nachts am Ufer lagerte. Beim Rudern saßen die Ruderer auf ihren Seekisten oder auf eingebauten Ruderbänken. Gut zu sehen ist auf diesem Bild die Anbringung der Ruderpforten im vorletzten Plankengang. Die Ruderpforten konnten für die Fahrt unter Segel von innen mit Klappen verschlossen werden, damit weniger Wasser eindrang.

(Oben und rechts) Hier sieht man, wie aus einem Baumstamm der Kiel eines Schiffes geschlagen wird. Der Handwerker benutzt dazu ein Breitbeil, wie es im Detailfoto noch einmal genau zu sehen ist. Neben der Axt war es das wichtigste Handwerkszeug zum Zurichten größerer Werkstücke beim Bootsbau. Außerdem benötigte man für die Herstellung von Planken Keile, denn für die Planken wurden ganze Baumstämme längs gespalten. Kleinere Werkzeuge umfaßten Stichel, mit denen Längsrillen zur Aufnahme von Dichtungsmaterial in die Planken gekehlt wurden, Schnitzmesser zum Herstellen kleiner Teile, Zangen und Nägel, falls man die Planken mit Eisen vernagelte, oder Bohrer, falls man Holznägel verwendete, für die man Löcher vorbohren mußte. Oftmals wurden die oberen Plankengänge und der Steven noch mit Schnitzereien verziert, wofür man spezielle Formeisen hatte.

der östlichen, wo mit Moos und Teer gearbeitet wurde. Die Planken waren sehr dünn, bei größeren Schiffen 25 mm, die kleinen Beiboote des Gokstadtschiffes haben sogar nur 15 mm starke Außenhäute, nur die Planken oberhalb der Wasserlinie arbeitete man stärker. Trotzdem waren die Schiffe robust genug, daß man damit auch Pferde transportierte, wie der Teppich von Bayeux zeigt. Die Schiffe, die Wilhelm der Eroberer 1066 für die Invasion Englands bauen ließ und mit denen er auch seine Kavallerie übersetzte, wurden nach der hier beschriebenen Methode gefertigt.

War die Außenhaut fertig, erfolgte der Innenausbau. Zuerst wurden quer zum Kiel Spanten angebracht, die aber nur mit der Außenhaut und nicht direkt mit dem Kiel verbunden waren, so daß das Schiff sehr flexibel war und sich in die Wellen schmiegen konnte. Diese Flexibilität hatte allerdings den Nachteil, daß das Schiff nie ganz dicht war, so daß man ständig Wasser schöpfen mußte. Die Spannten wurden anfangs an die Planken geschnürt, wozu man beim Fertigen der Planken eigens Vorsprünge stehen ließ, später wurde diese aufwendige Technik abgelöst durch ein simples Vernageln, das natürlich zusätzliche Löcher und somit mögliche Leckagen in der

(Oben) Kaum vorstellbar, daß die Wikinger mit offenen Schiffen wie diesem lebend über den Atlantik kamen. Handelsschiffe hatten wenigstens vorn und hinten noch ein Halbdeck, das aber zum mittleren Laderaum hin offen war, Kriegsschiffe hingegen hatten ein niedrig eingezogenes, durchgehendes Deck und boten keinerlei Schutz vor dem Wetter. Da die Besatzung bei Kriegsschiffen wahrscheinlich doppelt so groß war wie die Anzahl der Ruderlöcher und jeder Krieger auch noch seine gesamte Ausrüstung mitführte, wird es auf einem solchen Schiff ziemlich eng gewesen sein. Die Handelsschiffe hatten zwar eine kleinere Besatzung, aber dafür war der halbe Schiffsrumpf voller Handelsware.

Außenhaut bedeutete. Auf die Spannten legte man Querhölzer, die sogenannten Biten, die man waagerecht und nach oben mit hölzernen Winkeln mit der Außenhaut verband, auch hier wurde die Verbindung zur Außenhaut anfangs geschnürt, später genagelt. Auf den hölzernen Winkeln konnte eine weitere Reihe Biten liegen, eventuell sogar zwei. Bei großen Konstruktionen wurden die Biten noch senkrecht untereinander verstrebt, die Streben nannte man Snellen. Auf den Biten brachte man die Decksplanken an, die mit der Außenhaut keine direkte Verbindung hatten. Der Mast ruhte im sogenannten Kielschwein, einem längs auf den Kiel gesetzten Balken, und der Druck nach vorn, den das Segel verursachte, fingen der Mastfisch, ein zusätzlicher Querbalken, und der senkrechte Teil des Kielschweins ab. Vergleicht man die verschiedenen Schiffsfunde, so sieht man, daß die Schiffbautechniken ständig weiterentwickelt wurden. Das Kielschwein des Osebergschiffes war zum Beispiel zu klein dimensioniert und zeigt deutliche Spuren von Reparaturen, später baute man größere Kielschweine und verzichtete dafür auf den Mastfisch.

Das bevorzugte Baumaterial für Schiffe war Eichenholz, aber wenn dies nicht verfügbar war, kamen auch andere Hölzer zur Verwendung. Die Bauteile wurden mit Äxten aus den Stämmen geschlagen, für Planken spaltete man die Stämme radial. Wo immer möglich wurden gekrümmte und gewinkelte Bauteile aus passend geformten Holzstücken gearbeitet, so daß die Holzfasern im Werkstück längs liefen und die Bruchgefahr verringert wurde. Das Kielschwein zum Beispiel konnte aus einem Stamm mit einem großen Ast gefertigt werden, der dann zur Abstützung des Mastes nach vorne stehen blieb. Auch die Kniehölzer, die hölzernen Winkel, wurden wenn möglich aus Astgabeln gefertigt. Das wichtigste Werkzeug beim Schiffsbau waren Äxte, die für alle Arbeiten bis hin zum Zurichten von Planken genutzt wurden, es ist faszinierend, wie genau dabei gearbeitet wurde.

Es ist heute schwierig, die Takelage von Wikingerschiffen zu rekonstruieren, weil zwar Schiffsrümpfe, aber keine vollständigen Masten, kein stehendes und laufendes Gut und schon gar keine Segel erhalten sind. So sind wir auf die Analyse von zeitgenössischen Darstellungen angewiesen, zum Beispiel Bilder auf Münzen oder den Teppich von Bayeux. Der Mast eines Wikingerschiffes war vermutlich nur so lang, daß er, wenn man ihn abbaute im Schiff verstaut werden konnte. Dieses Le-

(Links) Der geringe Tiefgang der Kriegsschiffe erlaubte es, diese direkt auf den Strand zu setzen oder zumindest dicht unter Land zu fahren, wenn man an Land gehen wollte. Die Wikinger nutzten diese Eigenschaft bei ihren Plünderfahrten in England, wo sie überraschend auftauchten und ebensoschnell wieder verschwanden, bevor eine Abwehr organisiert werden konnte. Auch die behäbigeren Handelsschiffe wurden, trotz ihres größeren Tiefganges, bei geeigneten Gewässerverhältnissen auf Grund gesetzt, wie die Schrammen an Kiel und Planken von Skuldelev 3 beweisen. Um ein Schiff mit so dünnen Planken, wie sie die Wikingerschiffe hatten, ordentlich zu stranden und auch wieder flottzukriegen bedarf es allerdings einiger Erfahrung.

(Links) Auf dem Gokstadtschiff hatte man vor und hinter dem Mast einen T-förmigen Querbalken, auf diesem konnte man die Rah ablegen, wenn das Segel eingeholt wurde. Hier wird es gerade an der Rah festgebunden, die dazu verwendeten Reffleinen sieht man auf dem Eingangsfoto dieses Kapitels von der Rah herabhängen. Auf längeren Ruderstrecken wurde das Segel vermutlich immer eingeholt, weil es nur einen unnötigen Windfang darstellte.

gen des Mastes war ein häufiger Vorgang, und die Konstruktion des Kielschweins, das den Mast nur nach vorn abstützt, erlaubt ein Umklappen nach hinten, so daß man als Länge des Mastes knapp die halbe Schiffslänge annimmt. Der Mast ist auf einem Teil der erhaltenen Darstellungen seitlich durch Wanten und nach vorn und hinten durch Stage abgespannt, die genaue Anbringung dieses stehenden Guts ist aber nicht zu erkennen. Das rechteckige Segel wurde oben an einer quer zum Mast angebrachten Stange, der Rah, befestigt, teilweise wurde es auch unten mit dem Beitiass, einer weiteren Querstange, abgespannt. Zum Führen der Segel dienten Taue, die von den Enden der Rah und des Baumes zum Heck des Schiffes verliefen, mit ihrer Hilfe konnte das Segel auch schräg zum Schiffsrumpf angestellt werden, so daß ein Aufkreuzen gegen die Windrichtung machbar war. Wer Zeit hatte, wird jedoch wohl auf günstigeren Wind gewartet haben.

1893, kurz nachdem man das Grabschiff von Gokstadt ausgegraben hatte, querte ein norwegischer Kapitän auf einem Nachbau den Atlantik von Bergen nach Neufundland und bewies so die Hochseetüchtigkeit der Wikingerschiffe. Seine Berichte von der Überfahrt zeigen sein Erstaunen über die guten Segeleigenschaften, er erzählt von Spitzengeschwindigkeiten von 11 Knoten, das heißt 20 Kilometer pro Stunde. Auch die Ruderanlage findet sein Gefallen. Die Schiffe wurden mit einem auf der rechten Seite am Heck montierten Seitenruder gesteuert, eine Konstruktion, die dazu neigt, das Schiff nach rechts abzudrehen. Die Schiffbauer der Wikinger waren jedoch mit diesem Problem vertraut und gaben dem Ruderblatt eine Art Tragflächenprofil, das dieses Abdrehen ausglich, so daß sich auch in schwererem Wetter kein großer Druck auf das Ruder aufbaute und es von einem Mann bedient werden konnte.

Die Wikingerschiffe waren die Konsequenz jahrhundertelanger Erfahrung im Schiffsbau und den Koggen, von denen sie später verdrängt wurden, in Segeleigenschaften und Stabilität weit überlegen. Die relativ geringe Ladekapazität führte jedoch dazu, daß das Langschiff im Hochmittelalter von größeren, wenn auch schwerfälligeren Schiffstypen abgelöst wurde.

(Rechts) Kleine Boote zum Übersetzen und Beiboote wurden nach den gleichen Prinzipien gebaut wie ihre großen Brüder. Der offensichtliche Unterschied zum großen Schiff ist die Tatsache, daß hier jeder Ruderer zwei Riemen bedient und nicht nur ein großes Ruder. Nach der Anzahl der Ruder nennt sich der hier abgebildete Schiffstyp faering, das heißt Vierruderer. Allgemein beschrieb man die Größe eines Schiffes einfach, indem man die Zahl der Ruder nannte, vielleicht noch den Schiffstyp, ob Handels- oder Kriegsschiff.

Bekleidung, Schmuck und Stoffe

Die Materialien

Die Grundlage für die Bekleidung der Wikinger bildete die Wolle. Ob arm oder reich, alle trugen Wollstoffe, die sich allerdings in der Qualität zwischen den einzelnen Gesellschaftsschichten stark unterschieden. Wer Reichtum zur Schau stellen wollte, trug importierte Stoffe, speziell friesische und angelsächsische Wollstoffe waren zur Wikingerzeit sehr begehrt, auch leuchtende Farben zeigten den Wohlstand der Eigentümer, standen dahinter doch meist komplizierte Färbetechniken und zum Teil importierte Färbegrundstoffe wie Indigo oder Purpur. Arme Wikinger hingegen mußten sich mit den Stoffen begnügen, die in der eigenen Familie gefertigt werden konnten, und zum Färben stand ihnen maximal die heimische Pflanzenwelt zur Verfügung.

Die Schafrassen, die zur Wikingerzeit gezüchtet wurden und von denen manche heute noch existieren, brauchten zum Teil nicht geschoren werden sondern warfen ihre Wolle in einem Fellwechsel ab. Aber ob sie nun geschoren oder nur aufgesammelt wurde, die Wolle mußte zuerst einmal gereinigt werden. Dies geschah möglichst schonend, denn Wolle, die noch Wollfett enthält, ist leichter zu verarbeiten als fettfreie. Nach der Reinigung wurde die Wolle aufgekämmt, um die einzelnen Fasern parallel auszurichten und sie so für das Spinnen vorzubereiten. Schon hier konnte nach der späteren Verwendung der Wolle differenziert werden: Sollte beim Spinnen ein feines Garn entstehen, das dann zu einem dichtgewebten Tuch weiterverarbeitet werden konnte, so kämmte man das feine, kurze Unterhaar aus und behielt nur das steifere, längere Oberhaar übrig. War hingegen ein gewalkter, dicker Stoff das Ziel, so wurde auch das kurze Haar mit weiterverarbeitet.

(Oben) Diese Wikingerfrauen tragen den für ihre Zeit typischen Hängerock über einer oder mehreren Untertuniken. Webmuster wie die Streifen in der Tunika der Frau rechts waren bei den Wikingern sehr beliebt. Saumbesätze in Form von Stickereien oder Borten gehörten zu den gängigen Verzierungen an der Bekleidung beiderlei Geschlechter. Die Lampe, die die drei so interessiert betrachten, besteht aus einem Holzkäfig, der mit Schweinsblase bezogen ist. Das Original wurde bei Visby auf Gotland gefunden und auf das 11. Jahrhundert datiert.

Der nächste Schritt in der Verarbeitung der Wolle war das Spinnen. Hierbei werden die losen Fasern miteinander verzwirnt, so daß ein endloser Faden entsteht. Von der Entdeckung des Spinnens, vermutlich im 11. vorchristlichen Jahrtausend, bis zur Entwicklung des Spinnrades im 13. Jahrhundert gab es dafür nur ein Werkzeug: Die Handspindel. In ihrer einfachsten Form ein Stock hatte die Spindel der Wikingerzeit eine Wirtel, d.h. eine Schwungscheibe, die bei den Wikingern im Regelfalle aus Ton bestand. Zum Spinnen werden ein paar Fasern aus einem Wollbausch verdrillt, dieser Fadenanfang wird am oberen Ende der Spindel befestigt und die Spindel in Drehung versetzt. Zieht man jetzt an dem Anfangsfaden, so zieht man aus dem Wollbausch weitere Fasern heraus, die durch die Drehung der Spindel verzwirnt werden. Die Spindel sinkt an dem immer länger werdenden Faden zu Boden, stößt sie dort auf, so wird der Faden um den Stock der Spindel gewickelt und der Faden am Kopf der Spindel mit einem speziellen Knoten befestigt, worauf der ganze Vorgang neu beginnt. Die Abwärtsbewegung, die die Spindel dabei immer wieder durchläuft, hat ihr auch den Namen „Fallspindel" verschafft. Je leichter dabei die Spindel, desto dünner kann man das Garn mit ihr ausspinnen, aber desto häufiger muß man sie auch neu antreiben, da sie durch die geringe Masse nicht lange läuft. Bei einer schweren Spindel besteht natürlich größere Gefahr, daß das Garn durch das Gewicht der Spindel reißt, dafür geht die Arbeit aber schneller von der Hand, weil man seltener andrehen muß. Die Technik der Fallspindel ist zudem für Ausgangsmaterialien mit sehr geringer Faserlänge nicht brauchbar, weil hier die Reißfestigkeit des Garnes nicht ausreicht, um die Spindel zu tragen. Will man solches Material verspinnen oder ein weiches Garn erreichen, so kann man entweder die Spindel über den Oberschenkel rollen oder in einer Schüssel drehen lassen und die Wolldocke von der Spindel weg zur Seite beziehungsweise nach oben wegziehen. War das Garn dann gesponnen, eine mühsame, zeitraubende und gering geachtete Tätigkeit, so mußte es zu einem Stoff verwoben werden. Beim Weben werden Längsfäden, die sogenannte Kette, auf einem Webstuhl aufgespannt, und ein Querfaden, der Schuß, überkreuz eingefädelt, wobei er mal über, mal unter der

(Links) Die Kleidung der armen Wikingerfrau bestand meistens nur aus einer einfachen Tunika. Arme Leute wie zum Beispiel Mägde und Knechte oder die noch unter ihnen stehenden Sklaven verfügten noch nicht einmal über Schuhwerk. Im Sommer liefen sie barfuß, während man sich im Winter Leder, Fell oder behandelte Stoffstücke um die Füße band. Der Besitz einer Gürtelschnalle und eines Messers ist für diese Frau schon Luxus, zeigt aber zugleich auch, daß es sich hier nicht um eine Sklavin handelt.

(Rechts) Im Gegensatz zur links abgebildeten armen Frau ist diese Frauenkleidung reich dekoriert. Es handelt sich um eine finnische Tracht des 11. Jahrhunderts, zu erkennen an der Schürze, die im übrigen Skandinavien nicht getragen wurde. Typisch sind auch die Saumverzierungen mit Spiralen aus Messingdraht und die Form des Pektoralkettenschmucks. Der Überrock unterscheidet sich deutlich vom Hängerock der Schwedinnen oder Norwegerinnen, er ist eher dem griechischen Peplos ähnlich. Die scheinbare Gürteltasche hängt in Wirklichkeit am Schürzenband.

Kette zu liegen kommt. Die Verteilung dieser Kreuzungspunkte im Gewebe bestimmt dabei Aussehen und Haltbarkeit des resultierenden Stoffes, und man unterscheidet drei grundlegende Muster, sogenannte Bindungen: Leinwandbindung, Köperbindung und Atlasbindung. Die Stoffe der Wikinger waren überwiegend in Köperbindung gearbeitet, die einen Kompromiß zwischen Festigkeit und Geschmeidigkeit des Gewebes darstellt. Zudem erlaubt sie eine große Vielfalt von Webmustern, wie zum Beispiel Fischgrat und Rautenmuster, die bei den Wikingern sehr beliebt waren. Das Kettgarn war üblicherweise fester gezwirnt als der Schuß.

Wie sah nun das Arbeitsgerät zum Weben aus? Der Großteil der Stoffe entstand auf Gewichtswebstühlen, das sind Rahmen, die an die Wand gelehnt wurden und in denen die Kette oben angebunden wurde, um sie dann mit Tongewichten nach unten straff zu ziehen. Ein Teil der Kettfäden, bei der Leinwandbindung zum Beispiel jeder zweite, wurde über einen eingehängten Querbalken gelegt, der andere Teil an einem beweglichen Querbalken befestigt, sodaß sie wahlweise über oder unter die festgehängten Kettfäden zu liegen kamen. In der dabei zwischen den Fadengruppen entstehenden Lükke, dem Fach, wurde der Schuß durchgezogen und dann nach oben an das bereits fertige Gewebe herangeschoben. Die Entwicklung des waagerechten Trittwebstuhls, bei dem die Fadengruppen der Kette über Pedale bewegt werden, brachte hier eine enorme Produktivitätssteigerung auf das Vierfache der bisherigen. Der Fund einer Umlenkrolle aus einem Trittwebstuhl in Haithabu zeigt, daß die Entwicklung dieses Arbeitsgerätes in die Wikingerzeit fiel. Jedoch stehen dieser einen Schaftrolle eine Vielzahl Webstuhlgewichte gegenüber, die man ausgegraben hat. Selbst in der Handelsstadt Haithabu, die an produktionssteigernden Neuerungen sicher sehr interessiert war, war also der Trittwebstuhl die Ausnahme und der Gewichtswebstuhl die Regel. Inwieweit die entlegeneren Winkel der wikingischen Besiedlung Kenntnis von dieser Neuerung hatten ist fraglich.

Nach dem Weben wurden die Stoffe in vielen Fällen noch veredelt. So waren zur Wikingerzeit lodenähnliche Stoffe sehr beliebt, die man erhält, wenn man fertige Wollgewebe nachträglich verfilzt, ein Vorgang, der als Walken bezeichnet wird. Die Oberfläche wird dabei rauh und haarig, wodurch sie besser gegen Regen schützt. Man hat in Haithabu Lodenstoffe gefunden, die so stark gerauht sind, daß sie fast wie Pelz wirken. Auch regelrechte Webpelze wurden von den Wikingern gefertigt, ebenso wie echte Rauchwaren wurden sie als Kantenbesatz an Mänteln und Tuniken verarbeitet. Vielfach wurden die fertigen Stoffe oder auch schon die Rohmaterialien gefärbt, teilweise mit Pflanzen, die vor der Haustür wuchsen, teilweise basieren die Farben aber auch auf importierten Rohstoffen, mit denen reger Handel getrieben wurde. Die Farbpalette, die man ohne den Einsatz künstlicher Farben erzielen kann, ist überraschend groß und keineswegs auf die Grün- und Brauntöne beschränkt, die heutzutage als „Naturfarben" verkauft werden. Ganz im Gegenteil, leuchtendes Gelb, sattes Rot und Blau, alles war machbar und bunte Kleidung war sehr beliebt bei denen, die es sich leisten konnten. Überhaupt waren die Stoffe der Wikinger trotz der einfachen Werkzeuge, mit denen sie gefertigt wurden, durchaus heutigen Stoffqualitäten vergleichbar. Die feinsten erhaltenen Gewebe zählen mehr als 50 Fäden pro Zentimeter und die Variationsbreite an Stoffen, die durch verschiedene Verarbeitung, Ausrüstung und Färbung erzielt wurde, ist beeindruckend.

(Oben) Spinnen gehörte zu den niemals endenden Pflichten von Frauen und Kindern. Eine gute Spinnerin braucht Geduld, Konzentration und Erfahrung, trotzdem war diese Tätigkeit nur gering geachtet. Deutlich ist die Spinnwirtel auf diesem Bild zu sehen, das Gewicht am unteren Ende der Spindel, das für eine gleichmäßige Drehung sorgt. Hier ist sie vermutlich aus Speckstein, sehr häufig wurde sie auch aus Ton gefertigt. Der Spinnstock ist aus Holz. Unsere Spinnerin trägt eine Untertunika aus Leinen, eine wollene Übertunika und einen leinenen Hängerock.

(Oben) Das Bild zeigt einen Gewichtswebstuhl mit einer angefangenen Bildweberei. Die senkrechten Kettfäden werden durch angehängte Webstuhlgewichte gespannt. Für den Einziehgriff, der das Fach aufspannt, ist ein, in der Höhe verstellbares, Ruhelager am Rahmen angebracht, auf das er aufgelegt wird, wenn die Kettfäden nach vorne gezogen werden. Der obere Warenbaum kann jeweils um 90 Grad gedreht werden, um fertiges Gewebe aufzuwikkeln. Die Webstühle der Wikingerzeit waren auf eine Gewebebreite von ca. 120 cm angelegt.

(Links) Eine Färberin bei der Arbeit. Im Regelfalle wurde das gesponnene Garn gefärbt, nicht das fertige Gewebe. Eine so intensive Farbe wie hier erzielt man nicht etwa, indem man die Wolle einfach lange im Farbsud liegen läßt, sondern dadurch, daß man sie mehrfach mit der gleichen Farbe überfärbt. Das Ergebnis beim Färben hängt von vielen oft unwägbaren Faktoren ab, so zum Beispiel der Wasserhärte und dem Gehalt an Mineralstoffen. Der gleiche Farbgrundstoff kann bei verschiedenen Wasserhärten völlig unterschiedliche Farbsättigungen ergeben.

(Oben) Dieser Wollkorb zeigt die Farbvielfalt der Wikingerzeit. Alle dies wurde mit Materialien gefärbt, die für die Wikingerzeit belegt sind. Speziell die leuchtenden Rot- und Gelbtöne würde man heute wohl kaum unter „Naturfarben" einsortieren, dennoch sind auch sie mit den Färbemitteln des Frühmittelalters zu erzielen. Allerdings waren Farbstoffe teilweise extrem teuer, wenn sie über lange Strecken importiert werden mußten.

(Unten) Hier sind einige typische Beispiele brettchengewebter Borten abgebildet. Deutlich ist der kurze Musterrapport zu erkennen, und bei allen abgebildeten Stücken wurde die Drehrichtung der Brettchen einmal oder mehrfach geändert. Man erkennt diese Änderung auch an der Drehrichtung der Mäander, und der genaue Punkt des Richtungswechsels ist durch eine senkrechte Symmetrieachse zu erkennen. (Foto: Melanie Donus)

(Oben) Diese Frau beschäftigt sich mit einer Brettchenwebarbeit. Deutlich sind die quadratischen, in den Ecken gelochten Brettchen zu sehen, ebenso das Fach, durch das die Weberin gerade den Kettfaden durchführt. Gleich wird sie ihn mit einem Holzstab nach hinten festschlagen und dann die Brettchen um 90 Grad auf sich zu oder von sich weg drehen, um den nächsten Kettfaden einzuziehen. Die Drehrichtung hängt dabei vom Muster ab und kann innerhalb eines Musters auch wechseln. Da der Rapport bei brettchengewebten Borten relativ kurz ist, sind die Muster meist einfach, aber eine einfallsreiche Weberin findet immer neue Variationen.

Neben Wolle nutzten die Wikinger auch Leinen für ihre Bekleidung, allerdings mußte Flachs eigens angebaut werden und konkurrierte somit mit den Nahrungspflanzen um die rare Ackerfläche, wohingegen man Schafe auf Flächen weidete, die als Felder sowieso nicht in Frage kamen. Leinen zu produzieren hieß also, mehr Land zu besitzen als man brauchte, um satt zu werden, es war ein Zeichen von Wohlstand. Außerdem wärmt Leinen nicht so gut wie Wolle. Wer sich also nur wenige Kleidungsstücke leisten konnte, wird diese nicht aus Leinen gefertigt haben, um ihre Verwendung nicht zu sehr einzuschränken. Leinen kann fein ausgesponnen werden, da es sehr lange Fasern hat, es eignet sich somit für dünne Gewebe und wurde gern für Unterkleidung genutzt. Durch eine spezielle Webtechnik erhielten Leinengewebe oftmals einen Plisseeffekt, sodaß sie sich an den Körper schmiegten und die Figur betonten.

Seide war in ganz Europa im Frühmittelalter eine begehrte Handelsware und natürlich auch den Wikingern bekannt. Durch die langen Importwege war sie sehr teuer, ein absoluter Luxusartikel, den sich nur die Reichsten leisten konnten. Außerdem ist seidene Kleidung empfindlich und für den doch eher handfesten Lebensstil selbst der hochgestellten Wikinger wenig geeignet. In Borten und Stickereien wurde Seide schon eher verarbeitet. Man hat in Haithabu eine angefangene

(Oben) Im Gegensatz zu den meisten in diesem Buch abgebildeten Kriegern oder Händlern ist dieser Mann offensichtlich nicht reich. Er trägt allerdings ein Messer, ist also kein Sklave, doch scheint dieses neben einigen Amuletten auch schon seinen gesamten Besitz auszumachen. Schuhe nennt er nicht sein Eigen und seine Kleidung ist aus ungefärbten Stoffen gefertigt. Vermutlich arbeitet er auf dem Hof eines reichen Wikingers als Knecht oder dient einem Händler oder Handwerker als Gehilfe.

Brettchenweberei gefunden, von der die goldenen Schußfäden noch erhalten sind, die Kettfäden waren vermutlich Seide. Baumwolle war zur Wikingerzeit in Byzanz gebräuchlich und mit der maurischen Besiedlung auch nach Südspanien vorgedrungen, wir haben jedoch keine Belege dafür, daß die Wikinger sie für ihre Bekleidung nutzten.

Spezielle Textiltechniken

Neben den heute noch gebräuchlichen Techniken des Spinnens, Webens und Stickens nutzten die Wikinger zwei Textiltechniken, die einer besonderen Erklärung bedürfen, da sie heute fast vergessen sind. Da ist zum einen die Brettchenweberei, die seit der frühen Eisenzeit zur Herstellung von Borten genutzt wird. Die Kettfäden laufen hier nicht über einen gemeinsamen Baum sondern sind jeweils zu viert in ein an den Ecken gelochtes, quadratisches Brettchen aus Holz oder Knochen eingeschoren. Dreht man dieses Brettchen, so drehen sich die Kettfäden umeinander zu einer Schnur. Legt man nun mehrere dieser Brettchen nebeneinander, so erhält man parallel liegende Schnüre, die durch einen gemeinsamen Schußfaden zusammengehalten werden. Zu sehen ist im fertigen Gewebe nur der oben liegende Faden, sodaß man Muster erreichen kann, indem man verschiedenfarbige Fäden durch ein Brettchen laufen läßt. Für manche dieser Muster muß man noch dazu regelmäßig die Richtung ändern, in die man die Brettchen dreht. Brettchengewebte Borten zeigen in den meisten Fällen grafische Muster wie Mäander, Karos, Dreiecke und Pfeile, aber es sind auch florale und figürliche Darstellungen machbar, bis hin zu kleinen Drachenschiffen.

Stricken und Häkeln waren den Wikingern unbekannt, aber zur Herstellung von Kleidungsstücken, die besonders dehnbar sein müssen, hatten sie eine eigene Technik, das Naalbinding. Hier wird mit einer dicken Nadel ein langer Faden zu Schlingen gelegt und dabei jeweils durch die vorige Schlingenreihe gefädelt, wodurch ein dem Gestrick vergleichbares Material entsteht. Durch mehrfaches Einstechen in eine Schlinge der Vorreihe oder Auslassen eines Stiches kann dabei eine sehr genaue Formgebung erreicht werden, änlich wie heutzutage beim Stricken. Auch die Anwendungsgebiete sind denen des Strickens vergleichbar. Naalbinding nutzte man vor allem für die Herstellung von Strümpfen, aber auch großflächige Kleidungsstücke wurden in dieser Technik gefertigt, wenn auch selten.

(Unten) Diese Wikingerfrau trägt die lange Form des Klappenrockes, wie er zur Frauenkleidung gehörte. Gegen die Kälte des Winters trägt sie mehrere Lagen Kleidung, unter dem Klappenrock sind eine Untertunika, eine Obertunika und ein Überrock zu erkennen. Der Gürtel, mit dem sie den Klappenrock schließt, dient gleichzeitig auch zur Befestigung von Messern, Tasche und Trinkhorn. Oben ist der Klappenrock mit einer Fibel verschlossen. Als weiteren Schmuck trägt sie einen der typisch gedrehten Silberarmreifen, die genausosehr Zahlungsmittel wie Schmuckstück waren.

Bekleidung

Das grundlegende Kleidungsstück des Frühmittelalters war für Männer und Frauen die Tunika, ein einfaches Hemdgewand, gerade geschnitten mit angesetzten Ärmeln. Für die notwendige Weite am Saum sorgten eingesetzte Keile, die oft auch aus kontrastierendem Stoff geschnitten wurden. Die Tunika der Frauen war knöchellang, manchmal auch bodenlang, und teilweise ärmellos, die der Männer hingegen hatte Knielänge und wurde mit einer knöchellangen Hose ergänzt. Diese Kleidungsstücke, gefertigt aus einem groben Wollstoff und weit genug, daß man sich darin gut bewegen konnte, waren oft alles, was ein Wikinger an Kleidung besaß, dazu vielleicht noch ein Stück Wolltuch, das als Mantel diente, und ein Gürtel, an dem die wenigen weiteren Habseligkeiten des Trägers hingen.

Wer hingegen Reichtum zeigen wollte, leistete sich den Luxus von Untertuniken aus plissiertem Leinen. Die Oberkleidung wurde dazu enger, eine wohlhabende Wikingerfrau zum Beispiel trug zur leinen Untertunika einen enganliegenden Oberrock, auf Figur geschnitten, und darüber eine mantelartige Obertunika, ihr Mann trug eine am Oberkörper anliegende Obertunika, einen oberschenkellangen Mantel mit übereinandergelegten Vorderteilen, den sogenannten Klappenrock, und die Hosenbeine verschwanden am Unterschenkel unter Wickelgamaschen. Vielleicht zeigte er sich auch in einer „Rushose“, einer Pluderhose aus feiner Wolle, deren Ursprung viele Historiker in der slawisch beeinflußten Wikingerbevölkerung Rußlands vermuten, wenn auch die Herkunft nicht genau geklärt ist.

Für schlechtes Wetter hatte man Mäntel und Tuniken aus gewalkter Wolle, die durch eine spezielle Behandlung wasserabweisend wurde. Beliebt waren auch Kapuzenkrägen, die den Halsausschnitt der Tunika abdeckten, im Hochmittelalter waren diese unter dem Namen Gugel bekannt. Man fertigte spezielle Winterkleidung, indem man die Kleidungsstoffe fütterte und zwischen den beiden Stofflagen Daunen einarbeitete.

Wer immer es sich leisten konnte, trug bunte Kleidung und importierte Stoffe, wie das „friesische“ Tuch, das in Wikingerzeiten sehr gefragt war. Färbematerialien waren jedoch teuer, zumal, wenn sie über weite Strecken importiert werden mußten, und somit war dies ein Luxus, der für die meisten Wikinger unerreichbar war. Sie waren, wenn sie die Stoffe nicht ungefärbt verarbeiten wollten, auf das angewiesen, was vor der Haustür wuchs. Funde aus Haithabu zeigen, daß zum Beispiel Walnuß eingesetzt wurde, um eine dunkelbraune Färbung zu erzielen, gleichzeitig wirkte diese Behandlung auch desinfizierend. Auch Kinderkleidung wird man vermutlich aus ungefärbtem oder mit einfachen Mitteln gefärbtem Material hergestellt haben.Die Kleidung der Wikinger war oft mit Borten besetzt oder entlang der Säume bestickt, an Oberkleidung findet sich vielfach auch ein Pelzbesatz. Der Reichtum an Dekoration in der Kleidung war ein Indikator für den Reichtum des Trägers, ebenso ließen die Fibeln und Spangen, mit denen die Gewänder zusammengehalten wurden, erkennen, wie reich der Eigentümer war. Ein reicher Wikinger trug Spangen aus Gold oder Silber, seine Frau hielt ihren Überrock mit einem Paar reich verzierter Spangen, zwischen denen Glasperlenketten hingen. Weniger Wohlhabende begnügten sich mit Bronze als Material und ein armer Mann schnitzte sich vielleicht einen Knopf für seine Tunika aus einem Stück Geweih. Auch die Verarbeitung des Gürtels sowie das Material von Schnalle und eventuell Endstück zeigten den Status des Trägers.

Was das Schuhwerk angeht, so war der typische Schuh der Wikingerzeit ein knöchelhoher, gewendet verarbeiteter Schuh, der seitlich durch Schnürungen geschlossen wurde und den man überwiegend aus Ziegenleder fertigte. Man hat auch gleichartige Stiefel gefunden, ebenfalls seitlich geschnürt, und gerne wurden Schuhe auch bestickt. Schmuck

Die Wikinger hatten ein blühendes Schmuckhandwerk. Gold- und Silberschmiede, Bronzegießer, Knochenschnitzer und Glasperlenmacher fertigten Schmuckstücke, die aber immer zugleich auch Zahlungsmittel waren. Im Skandinavien des Frühmittelalters wurden nur wenige Münzen geprägt. Um eine Ware zu bezahlen, tauschte man eine andere dafür ein, und wenn dem Handelspartner das Angebot nicht behagte, so blieb immer noch die Möglichkeit, als Kaufpreis eine bestimmte Menge Silbers auszuhandeln. Nicht selten mußte dafür dann auch der Schmuck des Käufers herhalten, speziell die sehr häufig gefundenen silbernen Hals- und Armreifen waren mehr Geldbörse als Dekoration und

(Unten) Kinderkleidung unterschied sich nicht nennenswert von der Kleidung Erwachsener. Die Jungen auf diesem Bild sind genauso angezogen wie ihre Väter, der einzige auffallende Unterschied ist die Schlichtheit ihrer Kleidung. Vermutlich blieb in den meisten Familien Kinderkleidung ungefärbt und daß der Junge rechts farbige Kleidung und sogar Lederschuhe trägt, läßt auf den Reichtum seiner Eltern schließen. Die Stickerei an seinem Mantel befestigt den Saum, wohingegen der Mantel des linken Jungen mit Zierstichen bestickt ist.

(Links) Eine Sammlung von Gürtelschnallen und -enden, wie sie von Wikingern getragen wurden. Die Sitte, das Ende eines Gürtels mit einem Metallstück zu beschlagen, wurde im germanischen Raum wahrscheinlich von den Römern übernommen. Die beiden großen Gürtelschnallen sind nach irischen Vorbildern gefertigt, jedenfalls sind sie mit einem Trifoil verziert. Da aber reger Handel mit Irland getrieben wurde, sind sie am Gürtel eines norwegischen Händlers nicht unwahrscheinlich. Gürtel wurden nicht nur mit Schnalle und Endstück versehen, sondern zum Teil ringsum mit Metallplatten besetzt.

wurden, wenn man kleinere Mengen Silbers brauchte, einfach in Stücke geschlagen. Überhaupt zeigten die Wikinger herzlich wenig Respekt vor den kunsthandwerklichen Fertigkeiten von Silberschmieden, viele Schätze enthalten Teile von größeren Werkstücken, die offensichtlich irgendwann einmal an mehrere Personen verteilt und dazu gnadenlos zerhackt wurden, die Archäologen sprechen hier von „Hacksilber".

Obwohl er also in hohem Maße vergänglich war, war der Schmuck der Wikinger doch sehr aufwendig gefertigt, fast alle noch heute zur Schmuckherstellung genutzten Techniken waren ihnen bekannt. Die Schmuckstücke wurden gegossen oder getrieben, die Oberflächen mit Gravuren, Filigranarbeiten oder bei Silber auch in Niello-Technik verziert, nur das Emaillieren beherrschten sie nicht. Viele bronzene und zum Teil auch silberne Werkstücke wurden vergoldet, damit sie wertvoller aussahen. Die Wikinger hatten durch ihren Handel Kontakt zu vielen fremden Kulturen und die Schmuckhandwerker wurden so immer wieder zu neuen Entwicklungen angeregt. Aus dem irischen Raum übernahm man zum Beispiel das Motiv der ineinander verschlungenen Tiere, die bei den Wikingern auch Drachen sein konnten. Ein fränkischer Einfluß macht sich im Auftauchen der sogenannten „Kleeblattfibeln" bemerk-

(Unten) Diese Auslage eines Filzhändlers zeigt anschaulich, daß die Wikinger Filz zu einer Vielzahl von Gebrauchsgegenständen wie Kappen, Socken, wärmende Schuheinlagen, Spielzeug und Kleidung verarbeiteten. Es ist jedoch davon auszugehen, daß Filz weniger Handelsware waren als vielmehr in jedem Haushalt genauso wie andere Kleidungsstücke nach Bedarf angefertigt wurde.

(Oben) Dieses Bild zeigt die Herstellung von Filzbällen. Filz ist mit Loden eng verwandt, nur sind hier lose Wollfasern das Ausgangsmaterial, kein fertiges Wollgewebe. Reibt man diese in Seifenlauge aneinander, so verketten sie sich und bilden ein unentwirrbares Geflecht, das nach dem Trocknen wie Webstoff verarbeitet werden kann. Vermutlich gehörten Filzbälle genauso wie holzgeschnitzte Tierfiguren, wie sie auch bei Trondheim in Norwegen gefunden wurden, zum Kinderspielzeug.

bar, die vor allem in Dänemark hergestellt wurden, während in Gotland Schmuckstücke nach slawischen Vorbildern gefertigt wurden.

Neben ihrem Doppeldasein als Dekoration und Zahlungsmittel erfüllten manche Schmuckstücke auch noch einen praktischen Zweck. Mit Fibeln, Spangen und Gewandnadeln hielt man Kleidungsstücke zusammen, besonders sind hier die großen kuppelförmigen Spangen zu vermerken, mit denen reichere Wikingerfrauen die Träger ihres Überrockes verbanden. Diese Fibeln wurden immer paarweise gefertigt, je nach Reichtum der Trägerin aus Bronze oder edlerem Metall, und häufig mit Glasperlenschnüren verbunden. Die gerade erwähnten Kleeblattfibeln dienten Frauen dazu, ein Dreiecktuch um die Schultern zu halten, den Mantel hielt man mit einer großen Scheiben- oder Ringfibel, manchmal auch mit einer schlichten Gewandnadel.

Ein weiterer Typ von Schmuck mit praktischem Nutzen ist das Amulett, das seinen Träger schützen und ihm Glück bringen soll. Das wohl bekannteste Amulett ist der Thorshammer, der in den verschiedensten Ausfertigungen und Materialien gefunden wurde. Exemplare aus Bronze sind genauso vertreten wie Thorshämmer aus Gold und Silber mit angearbeiteten Ketten und neben der bekannteren stilisierten Form existieren auch naturgetreu nachgebildete kleine Hämmer. Doch sind auch andere Typen von Amuletten bekannt: So wie die Wotanisten ihren Thorshammer trugen, schmückten sich die Christen mit Kreuzen. Aus Haithabu ist ein kleines Bernsteinbein bekannt, von dem man annimmt, daß es als Amulett gedient hat, so wie wohl auch die kleinen Bernsteinaxtköpfe und die Anhänger in Form von zusammengerollten Schlangen, die man in Skandinavien, im Danelag und in Irland fand.

(Links) Diese beiden Broschen zeigen zwei Schmuckstile. Die obere wurde in ähnlicher Form in Lindholm Hoeje gefunden und ist dem Urnesstil zuzurechnen. Bei diesem handelt es sich um eine Weiterentwicklung des Ringerikestils, der sich durch das Zusammenwirken geschwungener Linien in wechselnden Breiten auszeichnet. Die untere Brosche zeigt das beliebte Greiftier, ein Tier, das sich ineinander verschlingt und mit seinen Klauen an sich selbst oder anderen Elementen der Darstellung festklammert. Sie ist dem Jellingestil zuzurechnen.

(Rechts) Kapuzenkrägen wie der hier gezeigte bilden für schlechtes Wetter eine ideale Ergänzung zur Tunika, da sie den Halsausschnitt des Kleidungsstückes abdecken. Sie wurden zum Beispiel in Haithabu gefunden. Am vorderen Kapuzenrand ist die Webart des Stoffes sehr schön zu erkennen, es handelt sich um einen Wollstoff in Köperbindung.

(Unten) Die hier abgebildeten Anhänger zeigen sowohl heidnische wie christliche Symbole. Die obere Reihe bildet das wohl bekannteste Symbol des Wikingerglaubens, der Thorshammer. Unten links und rechts liegt eine interessante Mischform aus dem Island des 10. Jahrhunderts, der Zeit, als dort das Christentum eingeführt wurde. Die Form ist die eines Kreuzes, aber die Trageweise war die eines Thorshammers. Der hier unten liegende, heidnische, Wolfskopf bildet den Aufhänger. Die Figur zwischen den beiden Kreuzen zeigt einen Krieger, auf dessen Helm zwei Vögel sitzen. Es könnte sich um einen Odin geweihten Kämpfer handeln, vielleicht auch um Odin selbst, denn die beiden Vögel werden allgemein als Hugin und Munnin, die Raben Odins, gedeutet. Das Original wurde in Ribe in Dänemark gefunden.

(Unten) Diese Frau beschäftigt sich mit Naalbinding. Sie benutzt dazu eine lange, dicke Nadel, mit der sie einen langen Faden in Schlingen legt. Die fertigen Naalbindingarbeiten sind heutigem Gestrick vergleichbar, sie sind genauso elastisch, nur etwas dicker.

Die Wikingerfrau

Frauen wurden bei den Wikingern schon früh verheiratet. Ein isländisches Gesetz legte das Mindestalter bei der Heirat bei Mädchen auf 12 Jahre fest, was vermuten läßt, daß vorher auch jüngere Mädchen verheiratet wurden. Sippenverhältnisse spielten eine große Rolle und der Bräutigam mußte eine gewisse Summe Geldes an den Brautvater zahlen. Ebenso mußte er auch nachweisen, daß er die Ehefrau ernähren konnte. Nicht selten wurden durch das Verheiraten von Töchtern einer einflußreichen Sippe mit den Söhnen einer anderen Familie mächtige regionale Bündnisse geschlossen. Dadurch konnte man beim Thing mehr Stimmen gewinnen, denn die Familien waren nun einander verpflichtet.

Frauenkleidung ist bei den Wikingern nicht weniger aufwendig gefertigt als Männerkleidung, was den gesellschaftlichen Status der Frau unterstreicht. Die Fertigung solcher Bekleidung war neben der Organisation des häuslichen Lebens und der Zubereitung der Mahlzeiten die Hauptaufgabe der Frauen. Hierbei waren vom Spinnen des Fadens über Färben und Weben alle Textiltechniken bekannt und wurden im eigenen Haus durchgeführt. Eine geübte Spinnerin braucht etwa 10 Stunden, um das Garn für eine Tunika herzustellen, womit auch wohl feststeht, womit die Frauen ihren Tag verbrachten.

Jede Frau verfügte wahrscheinlich über einen Satz aus drei Fibeln, zwei Ovalfibeln für den Hängerock und eine dritte, mit der ein Umhang oder Schal gehalten wurde. Dies war zumeist eine längliche oder auch eine Kleeblattfibel.

(Oben) Verheiratete Frauen trugen ihr Haar unter einem Kopftuch, während unverheiratete es offen trugen. Zwischen den beiden Ovalfibeln trägt diese Wikingerfrau Schmuck aus Glasperlen, Bernstein- und Silberanhängern, denen magische Wirkung nachgesagt wurde.

(Links,oben) Zu den Aufgaben der Frau gehörte die Verwaltung der Schlüssel für das Haus und die Truhen. Diese konnten an einem Lederband oder wie hier einer Kette getragen werden, die an einer Fibel befestigt wurde. Der Messingschlüssel öffnet ein Truhenschloß, während der Stahlschlüssel rechts zu einem Vorhängeschloß gehört. Bei der abgebildeten Schere handelt es sich um das für das Frühmittelalter typische Modell. Es wurden sowohl kleine Exemplare mit wenigen Zentimetern Größe für Näharbeiten als auch große Scheren zur Schafschur gefunden. Meist waren sie aus einem Stück geschmiedet.

(Links) Die typische Bekleidung der Wikingerfrau bestand aus einer Untertunika aus Wolle oder plissiertem Leinen, über der sie einen Trägerrock trug, dessen Träger mit Ovalfibeln geschlossen wurden. Im Winter konnte hierüber noch eine gefütterte Obertunika getragen werden. Alle Kleidungsstücke gingen mindestens bis zum Knöchel. Runensteinabbildungen und Schmuck zeigen aber auch längere, schleppende Gewänder. Wahrscheinlich wurden aus Modegründen ärmellose Kleidungsstücke oder solche mit kurzen Ärmeln bevorzugt, aber auch lange Ärmel waren häufig.

(Rechts) Diese Abbildung zeigt verschiedene Formen von Gewandfibeln, wie sie an Frauenkleidung der Wikingerzeit getragen wurden. Die Ovalfibeln gehörten zur weit verbreiteten skandinavischen Frauentracht und wurden ihn ähnlicher Form und verschiedensten Schmuckstilen in allen Wikingersiedlungsgebieten gefunden. Zwischen ihnen liegt eine Kleeblattfibel, die zum Halten des Umhanges oder Umschlagtuches verwendet wurde. Die unter ihr liegenden runden Fibeln wurden, ebenfalls paarweise zur finnischen Frauentracht getragen. Tierkopffibeln wie die unten außen liegenden gehörten zur gotländischen Tracht, wurden aber auch vereinzelt an anderen Fundorten nachgewiesen. Bis auf die Tierkopffibeln sind alle hier abgebildeten, nach Originalen rekonstruierten Fibeln dem Jellingestil zuzuordnen.

Tägliches Leben

Die Gesellschaft der Wikinger war in zwei große Gruppen geteilt, Freie, die Waffen tragen durften, Land besitzen konnten und somit Stimmrecht im Thing hatten, und Sklaven, denen all dies verwehrt war. Ein Sklave war Eigentum seines Herren, dieser durfte ihn ungestraft töten, sofern er sich offen zu dieser Tat bekannte, andererseits war der Herr aber auch für den Unterhalt des Sklaven verantwortlich. Ein Wikinger konnte als Sklave geboren werden oder in die Sklaverei absteigen. Zeitgenössische Beobachter erzählen, daß ein Wikinger, der beim Spiel Haus und Hof verloren hatte, manchmal die eigene Freiheit als letzten Einsatz wagte. Eine Frau konnte außerdem ihre Freiheit dadurch verlieren, daß sie sich mit einem Sklaven einließ. Obwohl ein Sklave normalerweise keine Waffen tragen durfte, gab es doch Ausnahmesituationen, in denen von dieser Regel abgewichen wurde: Wenn es galt, den Hof zu verteidigen, kämpften die Sklaven oft an der Seite ihres Herrn. Teilweise wurden die Sklaven auch an den Einnahmen des Hofes beteiligt, so daß sie sich irgendwann loskaufen konnten. Taten sie dies, waren sie allerdings nicht viel besser dran als vorher, denn ohne Landbesitz oder Vermögen blieb ihnen nichts anderes übrig, als sich als Knechte oder Mägde zu verdingen und die gleiche Arbeit zu verrichten wie zuvor. Wirkliche Aufstiegschancen hatte nur der, der von seinem Herrn zur Freilassung mit Land oder Geld beschenkt wurde, um davon ein neues Leben zu beginnen. Es gibt keine Aufzeichnungen darüber, wie häufig es vorkam, daß ein Sklave von seinem Herrn freigelassen wurde oder sich freikaufen konnte, aber es geschah doch immerhin so oft, daß

(Oben) Kinder wurden bei den Wikingern mit einer Zeremonie in die Familie aufgenommen. Erst wenn der Vater das Kind auf das Knie genommen und beim Namen genannt hatte, war es ein Familienmitglied, gleichzeitig erkannte er es damit als sein Kind an. Es kam manchmal vor, daß eine Familie, die nicht wußte, wie sie ein Neugeborenes ernähren sollte, dieses aussetzte. Diese Praxis war verpönt, wenn auch nicht strafbar, und wurde nur toleriert, wenn das Kind noch keinen Namen erhalten hatte oder mißgestaltet war. Das Kind auf diesem Bild läuft sicherlich keine Gefahr, so behandelt zu werden, wenn man betrachtet, wie liebevoll seine Mutter die Kinderkleidung verziert hat. Gut zu erkennen sind die Naalbindingsocken. Die Kopfbedeckung der Frau, ein sogenannter Wimple, verrät angelsächsischen Einfluß.

(Unten) Nur selten war wohl ein Tisch der so reich gedeckt wie dieser. Hunger war eine ständige Gefahr, Mißernten häufig und selbst in guten Jahren betrug die Kornernte nur das Doppelte der Aussaat. Trotzdem wurde täglich morgens und abends eine Mahlzeit zubereitet. Neben dem Fleisch von Haustieren wie Rind, Schaf, Schwein, Ziege und Pferd wurden auch Wild verzehrt. Der Gemüsegarten bot Erbsen, Zwiebeln, Knoblauch sowie Kohl und Wildfrüchte wurden gesammelt und bevorratet. Aus der Milch von Rind und Ziege stellte man Butter und Käse her, Hühner und Gänse lieferten Fleisch und Eier. Von großer Bedeutung für die Ernährung war der Fischfang, in der Ausgrabungsstätte von York entdeckte man eine fabrikähnliche Verarbeitungsstätte für Fisch.

man den Vorgang gesetzlich regelte. Das Frostathing-Gesetz, das im 13. Jahrhundert in Norwegen niedergeschrieben wurde, aber vermutlich ältere Rechtsformen festhält, schreibt unter anderem ein Fest vor, daß der Freigelassene für seinen ehemaligen Herrn auszurichten hat. Kann oder will dieser nicht teilnehmen, so sind für ihn die Ehrenplätze an der Festtafel freizuhalten. Außerdem war der Freigelassene seinem früheren Herrn noch mehrere Generationen lang verpflichtet, hiervon konnte er sich allerdings loskaufen. Der Preis eines Sklaven richtete sich nach Alter und Arbeitskraft, bei Frauen auch nach dem Aussehen. Ein Knabe war drei Ziegen wert, ein erwachsener, gesunder und kräftiger Mann ein Pfund Silber und für eine schöne Frau zahlte man deutlich mehr.

Der gesellschaftliche Status eines freien Wikingers hing von mehreren Faktoren ab. Ein Landbesitzer genoß mehr Ansehen als ein landloser, der einem anderen als Knecht diente, ein reicher Wikinger zählte mehr als ein armer und ein Mitglied einer namhaften Familie war gegenüber dem Angehörigen einer weniger einflußreichen Sippe gesellschaftlich im Vorteil. Verwandschaftsverhältnisse bedeuteten bei den Wikingern viel, mit den richtigen Leuten verwandt zu sein bedeutete Beziehungen und im Notfall auch Hilfe, denn die Sippe war verpflichtet, die Familienmitglieder zu unterstützen. Vermögen und Landbesitz wurde im Regelfalle so vererbt, daß es in der eigenen Familie blieb und wenn ein Wikinger aus einer Notlage heraus Land verkaufen mußte, hatte seine Sippe das Vorkaufsrecht. Auch Eheschließungen waren keine Sache zwischen Braut und Bräutigam sondern zwischen zwei Familien, sie wurden arrangiert und vertraglich geregelt. Erst unter dem Einfluß des Christentums kam man auf den Gedanken, der Braut ein Mitspracherecht bei der Auswahl des Bräu-

(Rechts, oben) Dieses Bild zeigt einen Topf, wie er zur Wikingerzeit ausgesehen hat. Im Haus wurde er mit einer Kette über das Feuer gehangen, auf Reisen nutzte man ein Dreibein. Die Schmiede fertigten die Töpfe aus mehreren Blechen, die überlappend vernietet wurden. In der Regel waren die Töpfe rund und verfügten auch über einen gewölbten Boden. Gekocht wurde in den meisten Wikingerhaushalten an den Feuerstellen der Halle, in der sich auch das gesamte tägliche Leben abspielte. An einigen Fundstellen wurden in den Langhäusern aber auch Räume nachgewiesen, die als Küche gedient haben.

(Rechts, unten) Die Jugendlichen übten sich schon früh im Umgang mit Kriegs- und Jagdwaffen. Unser kleiner Wikinger trägt einen Kinderschild, der aus Weidengeflecht gefertigt wurde, und ist vermutlich auch im Besitz eines dazu passenden Holzschwertes. Gerade im Winter lehrten die Väter, die zu dieser Zeit zu Hause und nicht auf Wiking waren, ihre Söhne die Fähigkeiten, die sie brauchten, um vielleicht schon im nächsten Jahr selbst auf große Fahrt zu gehen. Auch im Haushalt mußten die Kinder schon früh mithelfen, doch das Auffinden von Holzpferden in Trondheim sowie das Wissen um die Existenz von anderem Spielzeug belegen, daß zum Spielen noch genug Zeit blieb. Auch Erwachsene spielten gerne, wobei neben Glücksspielen Brettspiele ähnlich unserem Backgammon, Dame und Schach die Favoriten waren.

tigams einzuräumen. Ursprünglich zahlte der Heiratswillige einen Brautpreis an den Vater der Braut, damit ihm dieser das Mädchen überließ. Später erhielt die Braut dieses Geld als Mitgift und gegen Ende der Wikingerzeit wohl direkt vom Bräutigam als Geschenk. Dieses Brautgeschenk dürfte auch der Grund sein, warum Töchter gegenüber Söhnen einen geringeren Anteil am Erbe erhielten, sie waren ja anderweitig versorgt.

Die Tatsache, daß bei den Wikingern Ehen arrangiert wurden, sollte aber nicht zu der Annahme verleiten, die Frauen der Wikinger seien rechtlos gewesen. Die Hausfrau war die unumschränkte Herrin des Hauses, das Zeichen ihrer Autorität, die Schlüssel für die Truhen und die Haustür, trug sie stets bei sich. Frauen konnten eigenes Vermögen besitzen und waren erbberechtigt gegenüber ihren Eltern, ihrem Mann und ihren Söhnen, wenn diese ohne Erben starben. Eine Witwe konnte frei entscheiden, ob sie wieder heiraten wollte oder lieber unabhängig blieb. Das isländische Landnahmebuch erzählt die Geschichte von Aud, die nach dem Tod ihres Ehemannes erst ihre Töchter auf den Orkneys und den Faroërn verheiratet und dann mit zwanzig freien Männern nach Island aufbricht, um sich dort anzusiedeln. Aud scheint eine historische Figur zu sein, um die sich nach und nach Geschichten rankten, aber der Kern aller Erzählungen zeigt doch immer eine unabhängige Frau, die ihr Schicksal selbst bestimmt, und die Autoren sprechen mit Hochachtung von ihr.

Der größte Teil der Bevölkerung verdiente seinen Lebensunterhalt mit der Landwirtschaft und die Höfe lagen im Regelfall weit verstreut. Ein solcher Wikingerhof bestand aus einem Haupthaus, das Menschen und

(Links, oben) Der Hausrat der Wikinger umfaßte Geschirr aus Holz, Eisen, Ton und in späteren Zeiten auch Edelmetallen und Glas. Auf diesem Bild lassen sich neben einer Pfanne diverse Holzschüsseln sowie Löffel aus Horn und Holz, tönerne Becher, eine Spanholzkiste und vorne rechts ein Küchenmesser erkennen. Auch Böttcherarbeiten wie der hohe Becher und der Bottich fanden Verwendung und wurden auch bereits mit Metallreifen zusammengehalten. Kleine Silbertassen wie die auf der Spankiste, deren Original in Fejoe gefunden wurde, waren in der Oberschicht seit der Vorwikingerzeit gebräuchlich.

(Links, mitte) Bratpfannen bestanden aus einer eisernen Scheibe mit leicht ausgeformtem Rand, die auf einen langen Stiel genietet war. Das Original des hier gezeigten Pfannentyps wurde in Telemark in Norwegen gefunden. Im Vordergrund ist ein Küchenmesser zu sehen. Messer gehörten nicht zum Haushalt sondern waren Besitz des einzelnen. Seine Nahrung nahm man mit dem Löffel oder mit der Hand zu sich, das Messer diente zum Abschneiden von Fleischstücken und es ist ziemlich sicher, daß Gabeln als Eßbesteck noch unbekannt waren.

(Links, unten) In den Wintermonaten widmeten sich die Wikinger neben allerlei Kurzweil auch häufig Schnitzarbeiten. Dabei wurden vielfach auch Dinge des täglichen Gebrauchs verziert, zum Beispiel wurde in Haithabu ein Löffel gefunden, dessen Stiel ein Drachenkopf schmückt. Diese Palette geschnitzter Löffel vermittelt einen Eindruck davon, wie so ein Löffel, der ja ein persönliches Besitztum war, dekoriert gewesen sein mag. Auch das Holzgefäß, in dem die Löffel stehen ist geschnitzt.

(Links) Diese Reenactorin steht in ihrer Vorratskammer. Ihre Vorräte hat sie in verschiedenen Tonkrügen, die gegen Ungeziefer mit Glasperlen beschwerten Stoffstücken abgedeckt sind. Die Hausfrau war auch für die Überwachung und Lagerung der Vorräte zuständig und mußte sie einteilen, damit sie über den Winter reichten. Oftmals war das Julfest die letzte Gelegenheit vor der Schneeschmelze, zu der man sich richtig satt essen konnte.

(Unten) Töpferwaren stellten ein begehrtes Handelsgut dar und wurden zum Teil sogar aus dem Rheinland importiert. Die beiden abgebildeten Tonflaschen geben nur ein Beispiel für eine Vielzahl von Geschirr, welches im häuslichen Leben der Wikinger zum Einsatz kam. Tongefäße dienten der Aufbewahrung, Zubereitung und dem Auftragen von Speisen. Die Wikinger nutzten Aufbautechniken für die Herstellung ihrer Tongefäße oder höhlten Tonklumpen aus. Aus Haithabu ist für die Spätwikingerzeit auch die Nutzung einer Töpferscheibe belegt.

Vieh beherbergte. Den Stall mit dem Wohnhaus zu kombinieren hatte den praktischen Nutzen, daß das eingestellte Vieh im Winter das Gebäude mit heizte. Neben dem Haupthaus gab es oft kleinere Häuser für Gesinde oder als Werkstätten, die man dann als Grubenhäuser anlegte, das heißt, der Fußboden des Hauses lag unterhalb der Erdoberfläche, man sparte so Baumaterial. Die

Tafl-Spiele

Die Tafl-Spiele sind eine Gruppe von Brettspielen, die auf quadratischen Spielbrettern mit einer Größe zwischen 7x7 und 19x19 Feldern gespielt werden. Nach der Häufigkeit zu urteilen, mit der die Spielbretter gefunden wurden, müssen es beliebte Spiele gewesen sein, die in allen Bevölkerungsschichten gespielt wurden, denn es sind sowohl kostbare wie einfache Ausführungen erhalten. Die Regeln sind nicht vollständig überliefert, aber die Reenactors haben festgestellt, daß die hier angegebene „Spielregelrekonstruktion“ ein spannendes Spiel ermöglicht.

Das Spiel stellt eine Schlacht dar, in der der Angreifer versucht, durch die Reihen des Verteidigers zu brechen und dessen König, das heißt den Stein, der zu Beginn des Spieles auf dem mittleren Feld steht, gefangenzunehmen. Der Verteidiger versucht seinerseits, seinen König in Sicherheit zu bringen, indem er ihn auf eines der Eckfelder zieht. Der Verteidiger stellt seine Steine in der Mitte des Spielbrettes auf, der Angreifer kommt vom Rand her. Die Spieler ziehen abwechselnd, indem sie einen Stein verschieben, und der Angreifer erhält üblicherweise den ersten Zug. Die Steine dürfen horizontal und vertikal beliebig weit bewegt werden, allerdings können sie nicht über andere Steine, seien es eigene oder gegnerische, hinwegspringen. Das mittlere Feld ist der „Thron“ des Königs, auf dem nur der König stehen bleiben kann, alle anderen Steine müssen davor stehen bleiben oder darüber hinwegsetzen. Ebenso darf auch nur der König auf eines der Eckfelder ziehen. Jeder Spieler kann Steine des anderen schlagen, indem er sie „umzingelt“. Ein normaler Stein ist geschlagen, wenn der Gegenspieler zwei Steine auf gegenüberliegende Seiten von ihm postiert, also rechts und links oder davor und dahinter. Man kann sich auch die Tatsache zu Nutze machen, daß ein normaler Stein den Thron und die Eckfelder nicht betreten darf, ein gegnerischer Stein, der zwischen einen eigenen und eines dieser Felder gerät, ist ebenfalls tot. Der König jedoch muß auf allen vier angrenzenden Feldern eingekreist werden, erst dann ist er gefangen und der Verteidiger hat verloren.

Bauweise des Haupthauses ist je nach Region unterschiedlich, man versuchte, mit dem an Baumaterial auszukommen, was die Gegend hergab. So gab es in waldreichen Gegenden Blockhütten und in wenig bewaldeten Gebieten Balkenkonstruktionen mit Flechtwerk oder Torf zwischen den Balken. Beheizt wurden die Langhäuser mit einer zentralen Feuerstelle, die auch zum Kochen diente, und der soziale Status eines Wikingers zeigte sich auch darin, wie nahe sein Schlafplatz an diesem Feuer lag. Das Mobiliar bestand aus Truhen und Schemeln, wie es sich jedoch im Haus verteilte, ist nicht genau zu sagen. Zur Beleuchtung hatte man Lampen mit Öl oder Tran und Torffackeln, in späteren Zeiten auch Talglichter und in besonders reichen Häusern Kerzen. Der Hausrat umfaßte Töpfe aus Eisen, Keramik und Speckstein zur Zubereitung der zwei täglichen Mahlzeiten, eiserne Bratspieße, tönerne Aufbewahrungsgefäße, hölzerne Löffel, Teller und Schüsseln aus Holz oder Keramik und in reichen Haushalten auch Trinkbecher aus Glas oder Silber, wenn auch das Horn als Trinkgefäß sehr viel weiter verbreitet war. Messer gehörten nicht zum Hausrat sondern zur persönlichen Ausrüstung und man trug sie immer bei sich, sie wurden als Grabbeigaben genauso in Frauen- wie in Männergräbern gefunden. Auf dem Speisezettel fanden sich Wild, Fleisch und Fisch, Hülsenfrüchte, Gemüse, Beeren, Nüsse und Getreide, das als Grütze gekocht oder mit steinernen Handmühlen gemahlen und zu Brot gebacken wurde.

(Unten) Frauen und Männer waren zwar bei den Wikingern gleichermaßen angesehen, aber ihre Aufgabenbereiche waren streng getrennt. Das Tagwerk der Frau war spinnen, weben, nähen, sticken und natürlich kochen und brauen. Grabbeigaben von Frauen sind Küchengeräte, Spindeln und ähnliches häusliches Gerät, wohingegen in den Gräbern von Männern Waffen, Jagd- und Fischereigerät sowie Handwerkszeug gefunden wurden. Dies gibt Aufschluß über die einzelnen Tätigkeitsbereiche.

(Oben) Brot war bei den Wikingern nicht alltäglich, weitaus häufiger aß man Getreidebrei. Wenn Brot gebacken wurde, dann nicht auf Vorrat, da man keinen Sauerteig kannte und das Fladenbrot schnell alt wurde. Neben Brot aus Gerstenmehl, dem wichtigsten Brotmehl der Wikinger, erwähnt die Ringsthula dünnes Weizenbrot, das in den Häusern der Reichen gegessen wurde, und ein Brotfund in Schweden besteht aus einer Mischung von Erbsen- und Kiefernborkenmehl. Die Brotzubereitung fiel zu Hause in den Aufgabenbereich der Frau. Dieser Wikingerkrieger befindet sich, da er sein Brot selber bäckt, wahrscheinlich auf Wiking.

Der ursprüngliche Glaube der Wikinger zeigt uns eine Vielzahl von Göttern, die in zwei Gruppen zerfallen, Asen und Wanen. Die Asen sind die Herren der Welt, die Wanen leben als Gäste/Geiseln bei ihnen. Der oberste der Asen ist Odin, der Gott der Helden und Krieger. Er schenkt dem Kämpfer Glück in der Schlacht, doch oft-

(Oben) Aus der Wikingerzeit wurden Zelte gefunden, von denen man vermutet, daß sie auf Schiffsreisen am Strand aufgeschlagen wurden. Die Stirnseiten der Zelte bestanden aus einem dreieckigen Rahmen, dessen obere, freistehende Enden meist mit Schnitzereien verziert waren.

Die oben abgebildeten Schnitzereien entsprechen denen der im Osebergschiff gefundenen Zelte. Der Zapfen ist ein Detail des Osebergwagens und stellt wohl den Gott Odin dar. Das untere Bild zeigt eine andere Variante, wobei es sich hier vermutlich um Hugin und Munnin handelt.

(Oben) Aus den Sagas ist zu entnehmen, daß der Führer oder Häuptling eines Schiffes in einem Zelt schlief. Seine Mannschaft übernachtete am Strand im Freien um das Lagerfeuer herum. Die Ausstattung des Zeltes ist für die damalige Zeit luxuriös. Neben einem Bett sind ein Schemel und die Schiffstruhe des Anführers zu erkennen. Das Zelt ist mit einem gestickten Wandbehang dekoriert und mit Fellen ausgelegt. Bei Reenactments leben viele der Darsteller in ihren authentischen Zelten und bemühen sich, mit den Mitteln der Wikingerzeit auszukommen.

mals entzieht er es ihm bei der nächsten, um den Helden in die Reihen seiner Krieger zu rufen. Er weiß, daß er eines Tages zu einer endgültigen Schlacht gegen Loki, seinen Gegenspieler, antreten muß, und daher versammelt er alle großen Kämpfer bei sich in Walhall, um sich für diese Schlacht, das Ragnarök, vorzubereiten. Ihm zur Seite steht Thor, der Gott der Bauern und Knechte, der Wind und Regen, Blitz und Donner beherrscht. Im Gegensatz zu Odin, für den der Zweck die Mittel heiligt, ist Thor ein grundehrlicher Geselle, ein bißchen polterig, aber für jeden Spaß zu haben, und geht keiner Auseinandersetzung aus dem Wege. Sein magischer Hammer Mjöllnir läßt ihn jeden Kampf gewinnen, und um seine Gestalt ranken sich viele humorvolle Geschichten. Er wird im Ragnarök auf Seiten Odins kämpfen. Loki ist im nordischen Götterhimmel das chaotische Element. Er wirkt beständig auf den Untergang der Götter hin, so zum Beispiel, wenn er die Göttin Idun und ihre ewige Jugend bringenden Äpfel an den Riesen Thjazi verschachert. Baldr, die Lichtgestalt unter den Asen, starb durch Lokis Ränke, wenn auch nicht von seiner Hand, eine Tat, die Odins Frau Frigg auf ewig beweint. Loki ist der Vater des Fenriswolfes, der beim Ragnarök Odin töten wird, und der Midgardschlange, die im Weltmeer um die bewohnte Welt herum liegt und die beim letzten Kampf Thor unterliegen wird, ihn aber mit ihrem Gift tötet. Auch die Totengöttin Hel ist sein Kind, genauso wie Odins achtbeiniger Hengst Sleipnir.

Inmitten all dieser Weltuntergangsvisionen steht das Geschwister- und Liebespaar Freyr und Freya wie Fremde. Sie sind Wanen, Vertreter eines anderen, friedlicheren Göttergeschlechts, sie schenken weder Kriegsglück noch verleihen sie Klugheit, Erfolg oder Macht, ihre Domäne sind Liebe und Fruchtbarkeit. Über die Rituale der heidnischen Wikinger wissen wir wenig. Ihre Kultstätten lagen unter freiem Himmel und die Berichte, die wir von meist christlichen Beobachtern haben, sind teils von Mißverständnissen geprägt, weil der Beobachter den Kult nicht kannte. Adam von Bremen beschrieb um 1070 die Kultstätte in Uppsala, wobei er von einer großen Opferfeier berichtet, die alle neun Jahre zur Frühjahrstagundnachtgleiche stattfindet und bei der innerhalb von neun Tagen von „jeder lebenden Kreatur“ neun männliche Exemplare dargebracht werden, deren Körper dann in einem heiligen Hain aufgehängt werden, „Hunde und Pferde Seite an Seite mit Menschen“. Letztendlich benennt er die Zahl der dargebrachten Kreaturen mit 72. Auch andere Beobachter sprechen von Menschenopfern als dem höchsten darzubringenden Opfer, das auch nur den wichtigsten Göttern zusteht. Freyr, so sagte man, freue sich aber mehr über einen Hengst, weswegen wohl den frühen Christen in Skandinavien der Verzehr von Pferdefleisch explizit verboten wurde. Denn die Körper der geopferten Tiere wurden im Regelfalle nicht irgendwo zum Verfaulen aufgehängt sondern, sozusagen als Gegengabe der Götter an die Menschen, von den Teilnehmern des Rituals verzehrt.

Mit dem Beginn der Wikingerzeit kam Skandinavien in Berührung mit dem Christentum und schon früh gab es erste Missionierungsversuche, allerdings mit wenig Erfolg. Man war wohl sehr interessiert daran, mit den Christen Handel zu treiben, und da diese nicht mit Heiden Geschäfte machen wollten, fand man die Lösung der Primsegnung: Der Wikinger wurde über das Christentum belehrt und im Anschluß gesegnet. Er war damit für die Christen ein akzeptabler Handelspartner, konnte aber ohne Gewissensbisse weiter seinen Göttern huldigen, da er sich ja nicht hatte taufen lassen. Für viele, die tatsächlich zur Taufe kamen, war das weiße Taufkleid, das es in der Regel dabei als Geschenk gab, der einzige Grund zu diesem Schritt und dementsprechend ernst war es ihnen auch mit dem neuen Glauben. Erst mit der Einigung der skandinavischen Länder unter Königen konnte man zur bewährten Taktik übergehen: Man bekehrte den König, zum Beispiel 965 Harald Blauzahn, den König von Dänemark, und überließ diesem die Durchsetzung des christlichen Glaubens beim Volk. Ob er dies mit Gewalt machte, war dann seine Sache. Teilweise kam es zu Volksaufständen, weil die so Bekehrten den neuen Glauben nicht annehmen wollten, nur in Island wurde der neue Glaube friedlich durch einen Thingbeschluß eingeführt und die Anhänger der alten Götter aufgefordert, fortan ihren Kult nicht mehr öffentlich auszuüben, dieses Recht auf versteckte Religionsausübung wurde jedoch wenige Jahre später ebenfalls durch einen Thingbeschluß abgeschafft. Der heidnische Glaube hielt sich in Skandinavien noch bis ins 12. Jahrhundert hinein, speziell Finnland wurde zur letzten Bastion der Anhänger von Thor und Odin.

(Oben) An diesem Topf sind gut die einzelnen vernieteten Bleche und das Bodenblech zu erkennen. Die Wikingerfrau prüft ihren Topf, nachdem dieser längere Zeit mit einer natürlichen Dichtmasse aus Milchprodukten behandelt wurde, ob er nun dicht ist. Gegen die kalte Witterung trägt sie eine Lederkappe mit Fellbesatz und einen Kapuzenkragen, der aus verschiedenfarbigen Stoffen gearbeitet ist. Obwohl die heutige Reenactmentszene auch im Winter in ihren Zelten lagert, war dieses zur Wikingerzeit nicht üblich. Wikinger, die an fremden Küsten wie zum Beispiel in Vinland überwintern mußten, bauten ihre Hallen genannten Häuser , wie dies zum Beispiel in der Grönländersaga verzeichnet ist.

(Unten) Es ist nicht unwahrscheinlich, daß dieses Mädchen, hätte es zur Wikingerzeit gelebt, die Wolle für seine schön gefärbte Tunika selber gesponnen hätte, denn gerade das Spinnen war vielfach Kinderarbeit. Sicherlich hätte sie schon gewußt, wie man kocht und backt, ihre ersten Erfahrungen am Webstuhl gesammelt und vielleicht wären ihre Eltern sogar schon auf der Suche nach einem passenden jungen Mann gewesen, um sie beim Erreichen des entsprechenden Alters gut zu verheiraten.

(Oben) Dieses Wikingermädchen findet offensichtlich großes Vergnügen an der Freizeitbeschäftigung der Erwachsenen, die sich auf dem Bild nicht näher bestimmen läßt. Hierbei könnte es sich sowohl um sportliche Wettkämpfe wie das Ringen als auch das Messen von Waffenfähigkeiten handeln. Aber auch Ballspiele, Brettspiele und immer wieder Glücksspiele waren sehr beliebt.

(Links, oben) Das hier abgebildete, reich geschnitzte Trinkhorn könnte in dieser Form bei Festen zum Darreichen des Begrüßungstrunkes gedient haben. Aus Hörnern trank man Bier aus gemälzter Gerste sowie Met, der aus in Wasser gelöstem und vergorenem Honig bestand. Die Tatsache, daß sowohl Trinkhörner als auch Sturzbecher, ein anderes Trinkgefäß, nur leer aus der Hand gelegt werden konnten, sagt einiges über die Trinksitten der Wikinger aus. Das zweite Horn ist ein Signalhorn, wie es bei Schlachten zum Führen der Krieger eingesetzt wurde.

(Links, mitte) Mühlsteine wurden aus Basalt gefertigt, besonders begehrt war hier schwarzer Basalt aus der Eifel, der mit dem Frankenreich gehandelt wurde. Das Mehl eines schwedischen Brotes, das Archäologen analysierten, enthielt eine Vielzahl kleiner Steinchen, bei denen es sich wohl um Bruchstücke des Mühlsteins handelte.

(Links, unten) In Lederflaschen transportierte man Wasservorräte. Zur Herstellung dieser Flaschen werden zwei Lederstücke aufeinandergenäht und in Wasser getränkt. Im Anschluß füllt man sie mit Sand und läßt sie trocknen. Dann entfernt man den Sand und gießt die entstandene Lederflasche mit Bienenwachs aus, daß man anschließen wieder herausschmilzt. Dadurch wird sie vollständig wasserdicht, man braucht sie nur noch mit einem Korken versehen, der wie hier aus Holz, aber auch aus gerolltem Leder bestehen kann.

Händler und Handwerker

Bevor die Wikinger als kriegerische Räuber weite Teile Europas heimsuchten und sich ihren gefürchteten Namen machten, waren die Skandinavier vielerorts als Händler in Erscheinung getreten. Zwar ließen sich kriegerisch schnell große Reichtümer erobern, aber nur der friedliche Handel sorgte für eine regelmäßige Versorgung mit begehrten Gütern wie zum Beispiel Silber aus dem Arabischen Raum. Für dieses tauschten Wikingerhändler Sklaven, Pelze, Honig, norwegischen Speckstein, Wachs und Waffen ein, die sie in ihrer Heimat auf eigenen Höfen herstellten oder auf der Reise bei Überfällen erbeuteten. Nicht nur Rohstoffe und Fertigwaren sondern auch Werkzeuge und Rohlinge wurden gehandelt. Viele der Händler müssen eigentlich als Händler-Bauern bezeichnet werden, die in ihrer norwegischen, dänischen, schwedischen, isländischen und grönländischen Heimat noch über Landbesitz verfügten oder sich entlang der Handelsrouten niederließen und neue Wikingersiedlungen und Handelsposten gründeten. Die ersten skandinavischen Handelszentren erreichten ihre Blüte schon im 9. Jahrhundert, wobei sie nicht selten unter dem Schutz der Königshäuser Norwegens, Dänemarks oder Schwedens standen oder wie Haithabu sogar von diesen gegründet wurden, da sie sich durch Steuern und Abgaben der Händler selbst finanzierten. In Birka zum Beispiel hatte der schwedische König drei Tage Vorkaufsrecht auf alle neu eingeführten Waren, was ihm die höchste Qualität und einen guten Preis sicherte.

Beim intensiven Handelsverkehr auf allen wesentlichen Handelsrouten Europas von Island bis zum Kaspischen Meer sorgten die Händler mit ihren regelmäßigen Reisen aber auch für Verbreitung westeuropäischer Luxusgüter wie friesischem Tuch, schwarzem Eifelbasalt für Mühlsteine, Wein und Glasgefäße nach Nord- und Osteuropa, wie zahlreiche archäologische Funde in den Handelszentren Birka, Kaupang, Gotland und Haithabu beweisen. Haithabu, das zwischen 800 und 1066 eines der wesentlichen Handelszentren Europas bildete, hatte zu seiner Blütezeit rund 1000 Einwohner. Mit seiner Lage am Danewerk, der Grenze zwischen Dänemark und den Reichen der Slawen und Franken, verband es den Ostseehandel und Westeuropa. Auch befand sich nur 20 km entfernt ein Hafen an der Nordsee, der ein Umschiffen der jütländischen Halbinsel für Händler aus Irland und England unnötig machte. Das wahrscheinliche Zentrum des Ostseehandels stellte allerdings die Insel Gotland dar. In den Fundstätten der Insel fand man ungefähr die Hälfte aller in Skandinavien gefundenen 20000 Silbermünzen angelsächsischer, fränkischer und arabischer Herkunft. Es ist wahrscheinlich, daß gotländische Inselbewohner über außergewöhnliche Seefahrerkenntnisse unter den Wikingern verfügten und zudem für ihre hochqualitativen Schiffe bekannt waren, die es ihnen sowie den Schweden ermöglichten, die Flüsse des heutigen Rußlands zu befahren. Außerdem waren sie schnell genug, um sich dem Zugriff seeräuberischer Wikinger zu entziehen. Bei Ausgrabungen in Birka bei Stockholm in Schweden, einer Handelsstadt, die im 8. bis 10. Jahrhundert ein Bindeglied zwischen den östlichen Handelswegen und Haithabu darstellte, fand man Gegenstände, die auf den Handel mit Wein, Töpferwaren, Glas, Bronzegeschirr, Waffen und Seide hindeuten. Zwar wurde auch Eisenhandel betrieben, die Haupteinnahmequelle der Händler von Birka stellte aber wahrscheinlich der Pelzhandel dar. Birka hatte ein eigenes Thing und nach Aussage von Niederschriften, die

(Links) Mit ein bißchen Glück konnte es Wikingerhändlern gelingen, innerhalb kürzester Zeit großen Reichtum zu erlangen, den sie dann nicht selten auch nach außen hin durch teure Bekleidung und Schmuck zur Schau stellten. Den schnellsten aber auch gefährlichsten Weg, reich zu werden, stellte hierbei der Sklavenhandel mit den arabischen Ländern dar. Meistens wurde die Ware dafür von den Wikingern unterwegs eingesammelt. Unser Händler trägt eine reich dekorierte rote Tunika, deren Farbton vermutlich mit importierten Farbstoffen erzielt wurde. Sein Mantel hat eine solche Stoffülle, daß er oben doppelt gelegt werden kann und trotzdem noch schleppt. Wikingische Händler galten bei ihren Handelspartnern als schlitzohrig und nicht übermäßig vertrauenswürdig, aber auch als sehr geschäftstüchtig. Ibn Fadlan erzählt zum Beispiel, daß die Händler am Handelsplatz ihre gesamten Waren öffentlich den Göttern vorführten, einen Teil davon opferten und um ein gutes Geschäft baten.

(Oben) Hier läßt sich sehr gut die für die Wikingerhändler typische Klappwaage erkennen. Diese Waagen sind vermutlich orientalischen Ursprungs, waren aber von Rußland bis zu den britischen Inseln gebräuchlich. Waagen dieses Typs wurden unter anderem bei Smolensk und Dublin gefunden. Auch wenn hier ein schlichtes Modell abgebildet ist, waren die Waagen der Wikingerzeit oftmals reich verziert und Muster in die Waagschalen graviert.

von Missionaren erstellt wurden, bestand auch Kontakt zu Dorestad, einem Handelsplatz in den heutigen Niederlanden. Zusätzlich zu den Handelsstädten stellten eine Vielzahl saisonaler Marktplätze Dreh- und Angelpunkte des lokalen Handels dar. Kaupang in Norwegen sowie Moosgard in Dänemark waren solche. Kaupang war nach Westen hin ausgerichtet: Hier wurden Waren aus England und Irland wie Schmuck, der reichlich in den Gräbern der Umgebung gefunden wurden, gegen Pelze, Häute, Walroßstoßzähne und Seile aus Walroßhaut getauscht, die Händler aus dem Norden herbeischafften. Mit der Einnahme von York durch dänische Wikinger wurde hier auch das vorherige angelsächsische Handelszentrum übernommen. Aber die Wikinger gründeten auch in eroberten Regionen Handelszentren, so entstand Dublin aus einem Wikingerhandelsplatz und auch andere Städte wie Limerick, Cork, Wexford und Waterford haben hier ihren Ursprung. Haithabu ist vermutlich der Ursprungsort skandinavischer Münzprägung, die mit dem 10. Jahrhundert begann. Silber war schon seit langem das bevorzugte Zahlungsmittel und Münzen waren vorwiegend aus dem arabischen und fränkischen Raum bekannt, doch verfügten sie nur über den tatsächlichen Metallwert und sind den heutigen Währungen nicht vergleichbar. In Skandinavien ließ man aus Silber hauptsächlich Schmuckstücke wie Ringe, Armreife, Ketten und Anhänger fertigen, die weiterhin als Zahlungsmittel fungierten. Wurde das gewünschte Silbergewicht mit dem Schmuckstück nicht erreicht oder war dieses zu hoch, hackte man die Schmuckstükke klein und erhielt so das „Hacksilber" als Zahlungsmittel. Die meisten in archäologischen Ausgrabungen an ehemaligen Handelsplätzen gefundenen Silberschätze umfassen neben fremdländischen Münzen große Mengen Hacksilber. Preise wurden nach Gewicht festgelegt, so konnte man für circa ein Gramm Silber zehn Hühner

(Oben) Dieser Wikingerhändler wiegt gerade Ware ab. Der eigentliche Einsatzzweck der kleinen Klappwaagen, die zur Ausrüstung jedes Händlers des Frühmittelalters gehörten, war jedoch das Auswiegen der Bezahlung. Diese wurde, da in Skandinavien Münzen noch nicht gebräuchlich waren, in Edelmetallen gegeben, die dann vor Ort aufgewogen wurden. Die Gewichte, die man dazu benutzte, wurden zusammen mit den Waagen in der Regel in kleinen Lederetuis oder passenden Dosen transportiert. Auf einer in Schweden gefundenen Dose steht eine Beschwörung gegen Diebe, die damit droht, daß der Leichenkuckuck sich an der Leiche des Diebes laben wird. Unser Händler ist vermutlich im Danelag Zuhause, da er als Kopfbedekkung eine phrygische Mütze trägt, die angelsächsischen Ursprungs ist.

erwerben, für drei Gramm etwa ein Kilogramm Getreide, ein Mantel kostete zwölf Gramm Silber, Schild und Lanze circa 140 Gramm und ein Kettenhemd 820.

Überall wo Händler siedelten, ließen sich auch die unterschiedlichsten Handwerker nieder, die nicht selten ihre Tätigkeiten an die Bedürfnisse der Händler anpaßten, vorausgesetzt, die notwendigen Rohmaterialien waren vorhanden oder wurden von den Händlern herbeigeschafft. Die Handwerker der Wikingerzeit waren sehr geschickt und gerade im Schmuckhandwerk und der Holzschnitzerei lassen sich über die Jahrhun-

(Links) Das Bild zeigt einen Handwerker bei der Herstellung von Glasperlen. Glasperlen waren ein beliebter Schmuck und begehrte Handelsware. Zur ihrer Herstellung wurde importiertes Rohglas in Tiegeln erhitzt und zu Stäben gegossen. Anschließend wurden die Glasstäbe erneut erhitzt und um Rundeisen gedreht, diesen Vorgang zeigt unser Bild. Um mehrfarbige Perlen zu erreichen konnten Glasstäbe miteinander kombiniert werden oder mit Spuren andersfarbigen Glases durchzogen werden. Diese Technik ist heute unter dem Namen Millefiori bekannt. Links lassen sich auf der Ablage Rohglasstücke erkennen, wie man sie auch in Jütland und auf Gotland fand und deren Ursprung in Norditalien vermutet wird.

derte verschiedene Stilrichtungen erkennen. Bro-, Oseberg-, Borre-, Jellinge-, Mammen-, Ringerike- und Urnesstil erschienen, gingen ineinander über und wurden durch die Berührung skandinavischer Völker mit den anderen europäischen Kulturen und Regionen beeinflußt. Handwerkszweige in den Wikingerstädten umfaßten alle wichtigen Berufe um die Bedürfnisse abzusichern: Schmiede, Töpfer, Horn- und Geweihschnitzer, Steinmetze, Glasperlenmacher, Bronzegießer, Silberschmiede, Weber und Färber aber auch Gerber und alle Arten von Lebensmittelproduzenten, zum Beispiel Fischer. Für die Herstellung von Glasperlen, die zur Wikingerzeit einen teuren Schmuck darstellten, wurde Glas aus Westeuropa als Glasbruch oder Mosaikstein eingeführt, welches dann vor Ort erhitzt, zu langen Streifen gezogen und in kleine Perlen geteilt wurde. Oftmals wurden verschiedenfarbige Gläser gemischt um Farbeffekte zu erzielen. Bernstein aus dem Ostseeraum sowie aus England eingeführter Gagat waren das Rohmaterial für kleine Gegenstände wie Spielstein und Schmuckstücke. Ihm wurden außerdem magische Eigenschaften beigemessen. Viele handwerkliche Fähigkeiten waren in jedem Haushalt vorhanden und wurden meistens während der langen, harten Winterzeit ausgeübt, die in den durch Wikinger besiedelten Gebieten herrscht. Funde lassen darauf schließen, daß die Frauen Woll- und Leinenstoffe herstellten, während Männer Körbe flochten und Holz- oder Hornschnitzerei betrieben. Gerade das Schnitzen von Horn und Walroßelfenbein und das Anfertigen von Kämmen, Gürtel-

(Rechts) Während der Wikingerzeit begann in Skandinavien die Münzprägung. In Westeuropa waren Münzwährungen schon gebräuchlich, während in Skandinavien sogenanntes Gewichtsgeld üblich war. Um 825 wurden in Dänemark die ersten Münzen geprägt, vermutlich mit der Absicht, den Handel mit dem Frankenreich zu erleichtern. Das hier abgebildete Münzwerkzeug zeigt Prägestempel und dünne Münzrohlinge. diese werden zwischen zwei Prägestempel gelegt und mit einem Hammerschlag geprägt. Teilweise waren die Rohlinge so dünn, daß der Stempel nur einseitig eingeschlagen werden konnte, weil er bis auf die Abseite durchdrang. Die Fachwelt bezeichnet solche Prägungen als Brakteaten.

(Rechts) Eine Schmiede sowie schmiedekundiges Personal war wahrscheinlich auf fast jedem einzeln liegenden Hof vorhanden, zumindest, was den täglichen Bedarf anging. In Norwegen fand man im Grab eines einfachen Dorfschmiedes Meißel, Spitzmeißel, Feilen, Drahtzieheisen, Schmiedehämmer, Feinhämmer, Nageleisen, einen Durchschlag, Gußlöffel sowie Setzhämmer und einen Setzamboß. Der Schmied wurde mit seinen Erzeugnissen begraben, zu denen auch vier Schwerter und vier Lanzenspitzen, sieben Äxte, zwei Schildbuckel und dreizehn Pfeilspitzen gehörten. Die damaszierten und silbertauschierten Lanzenspitzen zeigen, daß auch komplizierte Techniken bis in eine Dorfschmiede vordrangen. Roheisen bewahrten die Schmiede in Barrenform auf. 137 solche Barren, deren Gewicht variierte, wurden an anderer Stelle in Norwegen gefunden. Umfangreiche Schlackenfunde belegen die Eisenproduktion in Norwegen, wobei das Eisen in Tonschachtöfen mit horizontaler Schlackenentnahme produziert wurde. Den Handel mit Roheisen und halbfertigen Schmiedeprodukten wie Schwertklingen und Axtköpfen belegt das Auffinden von zwölf auf einen Tannenstock aufgezogenen Axtköpfen, die in Jütland am Strand gefunden wurden und die vermutlich aus Norwegen stammen. Während der obere Schmied die Hitze seiner Esse durch das Zuführen von Sauerstoff mittels eines Blasebalges erhöht, bearbeitet der andere den Griff eines Küchenmessers auf seinem Setzamboß.

schnallen, Gürtelenden und ähnlichem aus diesen Materialien war ein weit verbreitetes Handwerk und Funde von Kämmen skandinavischen Ursprungs in ganz Europa weisen auf die Beliebtheit dieser Kunst hin. Kämme wurden aus Rotwildgeweih geschnitzt, wobei jeder Kamm aus mehreren Einzelteilen wie Seitenteilen und gezahnten Flächen besteht, oft steckte er auch noch zusätzlich in einer Schutzhülle.

Fast jeder Haushalt, insbesondere einzeln liegende Höfe, verfügten über eine Schmiede, in der alltägliche Werkzeuge in Eigenarbeit hergestellt wurden. In diesen häuslichen Schmieden konnten, wie sich aus Fun-

(Unten) Das Original des hier abgebildeten Essensteins wurde in Dänemark am Strand gefunden und stammt vermutlich aus Norwegen oder Südwestschweden. Das Gesicht soll vermutlich den Gott Loki darstellen, der unter anderem auch der Gott des Feuers war, und somit den Schmieden nahestand. Die Querstriche durch seinen Mund spielen auf eine Sage an, nach der Loki aufgrund einer Wette der Mund zugenäht wurde.

(Links) Der Fischfang stellte eine wesentliche Ernährungsquelle der im skandinavischen Raum lebenden Völker dar. Von der Bevölkerung Haithabus weiß man, daß sie über 20 verschiedene Fischarten auf ihrem Speisezettel hatte, unter denen sich sowohl Süß- als auch Salzwasserfische finden. Fisch wurde schon zur Wikingerzeit durch Einsalzen, Trocknen oder Räucher haltbar gemacht und dann auch gehandelt. Der Fischfang wurde von kleinen Booten aus betrieben, von denen man Netze auswarf oder in Gezeitenregionen auch, indem man Netze verankerte, in denen sich bei ablaufendem Wasser die Fische von selbst fingen. Größere Fische wurden an Flüssen auch mit Fischspeeren gejagt.

(Unten) Das Bild zeigt das Handwerkzeug eines Fischers. Es umfaßt alle nötigen Werkzeuge zur Garnherstellung und zum Netzeknüpfen, wie Spindeln, Garnrollen, Schiffchen und Schere. Weiterhin sieht man Angelhaken, die sowohl aus Holz als auch aus Horn oder Metall gefertigt sein konnten und zu mehreren an sogenannten Aalschnüren ausgebracht wurden. Im Vordergrund rechts liegen fünf Gewichte, die zum Beschweren von Netzen dienten, die man unter anderem auch quer durch Flüsse spannte. Nur wenig Fischereigerät ist aus der Wikingerzeit erhalten, doch belegen Schriftquellen, daß sowohl das Angeln als auch das Netzfischen auf offener See und in Binnengewässern gebräuchlich war.

(Oben) Dieser handgearbeitete Kescher wurde aus einer Astgabel gefertigt und diente vermutlich zum Herausheben von Fischen, die man mit einer Angel oder Aalschnur gefangen hatte. Im Hintergrund ist eine Spanholzkiste zu erkennen, wie sie bei den Wikingern zur Aufbewahrung von kleineren Gegenständen häufig verwendet wurde.

(Rechts) Auf einigen Handelsplätzen gab es Hütten, die von den eintreffenden Händlern für gewisse Zeiten genutzt werden konnten. Meistens jedoch schlug der Händler, wie hier dargestellt einfach sein Zelt auf oder verkaufte die Waren direkt vom Schiff. Bei diesem Zelt handelt es sich um die für die Wikingerzeit typische Form. Die Stirnseiten bestehen aus zwei dreieckigen Rahmen, diese werden durch drei Längsträger verbunden. An diesen und den Stirnbrettern wird die passend gearbeitete Zeltplane festgeschnürt. Das Original für diese Zeltform fand sich auf dem Grabschiff von Oseberg.

den ableiten läßt, Werkzeuge, Draht, Nägel und Scharniere sowie Beschläge hergestellt und repariert werden. Die Werkzeuge der Schmiede umfaßten hierbei Amboß, Zangen, Hämmer, Feilen, Meißel, Metallscheren, Drahtziehplatten, Körner und Stanzeisen sowie Werkzeuge zur Herstellung von Nägeln. Reisende oder in größeren Handelsplätzen angesiedelte Schmiede spezialisierten sich oft auf besondere Techniken wie das Herstellen von Waffen und Kettenhemden. Die Metallgießerei konnte von Archäologen an allen Marktplätzen und Handelszentren nachgewiesen werden. Hierbei reichte die Herstellungspalette von teuren Einzelstücken aus Silber

(Oben) Neben einem aus Knochenmaterial geschnitzten Kamm sind auf diesem Bild noch ein einzelner Hobel, ein Schleifstein sowie Schnitzmesser, eine Feile und ein Handbohrer zu sehen. Den Bohrer brauchte der Knochenschnitzer nicht nur zum Anbringen von Befestigungslöchern in Gürtelschnallen, auch durchbrochene Arbeiten wurden erst gebohrt und die Bohrung dann durch Feilen erweitert. Der abgebildete Kamm steckt in einer Schutzhülle, die genauso gearbeitet ist wie der Griff. Diese Kämme wurden im gesamten europäischen Raum gefunden und waren ein wichtiger Exportartikel Skandinaviens.

(Unten) Knochen und Geweih fanden reiche Verwendung für Gegenstände des täglichen Bedarfs. Die verwendeten Knochen gehen bis hin zu Walknochen, aus denen sich große, flache Stücke schneiden ließen. Das verarbeitete Rotwildgeweih wurde wahrscheinlich seltener gejagt als einfach nach dem Abwerfen aufgesammelt. Das hier abgebildete Handwerkszeug kann zum Knochen- und Holzschnitzen eingesetzt werden und umfaßt Sägen, Schleifsteine, Hammer und Schnitzmesser.

oder Gold bis hin zum billigen Massenprodukt für jedermann. Das Metall wurde im Tontiegel auf Holzkohleöfen geschmolzen, deren Hitze man durch Sauerstoffzufuhr aus Blasebälgen erhöhte. Vom Schmuckstück wurde eine Wachsplastik erstellt, welch in Ton eingebettet wurde. Nach dem Aushärten des Tons wurde das Wachs durch Erhitzen ausgeschmolzen und das Silber oder die Bronze in den entstandenen Hohlraum gegossen. Nach dem Erkalten brach man den Ton auf, um das Schmuckstück zu entnehmen. Einfache Gegenstände wurden in

Ton gedrückt, so daß eine Massenherstellung möglich war, ohne die Form zerstören zu müssen. Eine weitere Bearbeitung wie das Anbringen von Anstecknadeln oder Gold- und Silberverzierungen an Bronzeschmuck erfolgte im Anschluß.

Im norwegischen Raum war der Speckstein, aus dem man Töpfe und Haushaltsgerät herstellte, der Ersatz für Töpferwaren. Haithabu gilt als Hauptumschlagplatz für Speckstein und Werkstätten und Gerätefunde sind in den Fundstätten ganz Norwegens, Jütlands und der Elbemündung nachgewiesen. Schiefer, der in Steinbrüchen in Südnorwegen abgebaut wurde, war ein Exportgut der Wikinger nach Jütland und England. Er war zum Schleifen von Messern, Schwertern und Äxten notwendig und Funde von Steinen norwegischen Ursprungs in England, besonders in York, belegen den Handel. Abschließend muß erwähnt werden, daß alle Handwerker sehr erfindungsreich waren und ständig neue Techniken, Stilrichtungen und Gebrauchsgegenstände entwickelten. Allerdings dauerte es nicht selten 100 Jahre und mehr, bis eine neue Herstellungstechnik durch reisende Handwerker und Händler sich über die Region hinaus ausbreitete, so daß der Fortschritt sehr langsam war. Auch behielt man viele Fähigkeiten für sich, um der Konkurrenz keine Fortschritte zu ermöglichen.

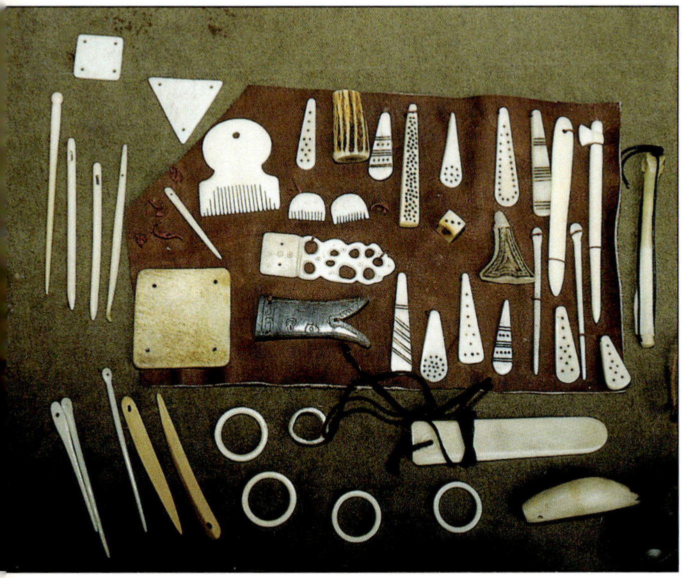

(Oben) Die hier abgebildeten Gegenstände wurden alle aus Knochen, Horn oder Geweih gefertigt. Die Palette umfaßt Webplättchen, Nadeln, Kämme, Ringe, Nadeldosen, ein Webschwert, Gürtelenden, Schmuckstücke und Würfel. Außerdem konnten Perlen, Gürtelschnallen, Parierstangen für Schwerter, Knöpfe, Spielsteine, Messergriffe, Gewandnadeln und Geräte zum Glätten von Stoffen aus Knochen gefertigt werden. Die Anwendung reicht hin bis zu Kästchen, bei denen die Wände aus Knochenplatten geschnitzt und in einen Metallrahmen eingesetzt wurden. Viele Kleinteile, die wir heute aus Plastik machen, stellten die Wikinger aus Knochen her.

(Unten, links) Dieser Handwerker verfügt über ein Werkzeug, das in der Wikingerzeit eher selten war, eine Säge. Nur ein Kammschnitzer konnte nicht ohne sie auskommen, anderen Handwerkern taten Axt und Messer die gleichen Dienste. Die Truhen vor ihm wurden von reisenden Wikingern als Seetruhen verwendet. Sie dienten der Aufbewahrung von Hab und Gut und gleichzeitig auch als Ruderbank, was auch die Trapezform der Seitenwände erklärt. Verschließen konnte man sie mit einem Vorhängeschloß, dessen Prinzip den Wikingern bekannt war. Interessant ist auch der Knochengriff des Messers am Gürtel unseres Handwerkers.

(Unten, rechts) Das Nähzeug einer Wikingerfrau. Steck- und Nähnadeln waren ebenfalls aus Knochen und mußten eingearbeitet werden. Erst durch regelmäßigen Gebrauch wurden sie richtig glatt. Da die filigranen Nadeln insbesondere an der Spitze leicht brachen, fertigte man aus Röhrenknochen Nadeldosen für die sichere Aufbewahrung. Die hier abgebildete Dose wurde aus dem Vorderbein eines Lamms hergestellt.

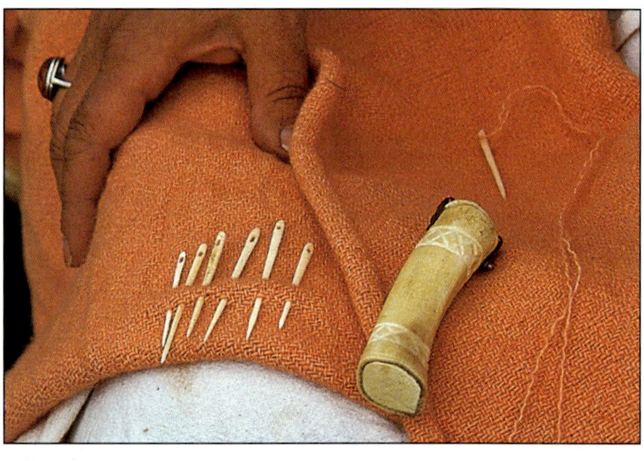

(Oben) Die Herstellung von Schuhen war zumindest in den Handelsstädten ein ausgeprägtes Handwerk, das von Spezialisten ausgeübt wurde. Umfangreiche Funde von Lederresten und Schuhen in Haithabu und Birka belegen dies. Hier wird das Oberleder eines Schuhes auf einen Leisten gezogen um es der Form eines Fußes anzupassen.

(Oben) Hier locht die Frau des Schusters die Sohle vor, um sie mit dem Oberleder zu vernähen. Die Schuhe waren gewendet verarbeitet, d.h. die Nähte des fertigen Schuhes lagen innen. Obwohl mit einer einfachen Ledersohle ausgestattet sind die Schuhe verblüffend warm und mit einer Innensohle versehen auch wintertauglich.

(Rechts) Dieses Bild zeigt verschiedene Schuhmodelle die zwischen dem 7. und 11. Jahrhundert getragen wurden. Ganz oben findet sich ein hoher Stiefel, wie er in Haithabu gefunden wurde. Mittlere Reihe links: Verzierter gelenkhoher Stiefel aus Starja Ladoga. Daneben: Halbschuh, Fundort Haithabu. Mitte rechts: Knöchelhoher Schuh aus Norwich mit Knebelverschluß. Unten links: Ähnliches Modell, das in York gefunden wurde. Unten Mitte: Dekorierter Schuh, Fundort Ballymacob. Unten rechts: Lammfellgefütterter Halbschuh aus Middleburg. Dekorationen und verschiedene Formen der Schuhe beweisen, daß sie genauso wie andere Kleidungsstücke modischen Einflüssen unterlagen.

Runensteine

Die Wikinger pflegten eine mündliche Überlieferungstradition. Die Runen, die sie benutzten, waren ursprünglich Zauberzeichen und man nutzte sie zu Beginn der Wikingerzeit nur zur Niederschrift kurzer Texte. Erst durch den Kontakt zum Christentum drang die Idee des Buches als Mittel zur Weitergabe von Erinnerungen nach Skandinavien vor. Insofern stellt die Kultur der Wikinger die Historiker vor große Probleme, weil es an Schriftdokumenten mangelt. Die Runensteine sind daher mit die wichtigsten Textdokumente, die uns aus der Wikingerzeit erhalten sind, denn im Gegensatz zu den großen Texten wie Landnahmebuch, Isländerbuch und Prosa-Edda, die nach der eigentlichen Wikingerzeit niedergeschrieben wurden, um bis dahin mündlich überlieferte Texte festzuhalten, wurden die Runensteine von den Wikingern selber aufgestellt, als eine Art „öffentlicher Bekanntmachung". Natürlich kann uns ein einzelner Runenstein nicht die Wikingerkultur erklären, und auch die Analyse sämtlicher bekannter Steine wird kein vollständiges Bild ergeben, doch erhellt jeder Stein einen kleinen Aspekt einer Gesellschaft, die uns ansonsten hauptsächlich von ihren Gegnern und Opfern beschrieben wurde und dabei naturgemäß nicht besonders gut abschnitt.

Setzte zum Beispiel eine Wikingerfrau einen Gedenkstein für ihren verschollenen Sohn, so zeigt uns dies, daß sie zum einen frei genug in der Öffentlichkeit agieren konnte, um als Initiatorin des Projektes in Erscheinung zu treten, zum anderen muß sie reich genug gewesen sein, den Handwerker, der die Inschrift meißelte, zu bezahlen. Außerdem mag in einer Zeit, in der Männer auf Plünderfahrt fuhren und man danach nie wieder von ihnen hörte, das Setzen eines Gedenksteins auch die Funktion einer offiziellen Todeserklärung gehabt haben. Die Umstände eines gewaltsamen Todes, die oft auf Gedenksteinen erwähnt werden, werfen auch ein Streiflicht auf den Ehrbegriff einer Gesellschaft, deren Mitglieder von Außenstehenden meist einseitig als gewalttätig und verschlagen geschildert wurden. Häufig wurden Runensteine auch gesetzt, wenn man damit einen Dienst an der Allgemeinheit anzeigen konnte.

Im Skandinavien der Wikingerzeit gab es keinen staatlich organisierten Straßen- und Wegebau, jeder war für die Pflege der durch sein Land verlaufenden Wege verantwortlich. Wer sich nun die Mühe machte, auf eigene Kosten eine Brücke zu bauen oder ein Stück Weg befestigen zu lassen, der sorgte durch das Setzen eines Runensteines, der ihn als den Bauherrn nannte, dafür, daß die Benutzer auch erfuhren, wohin sie ihre Dankbarkeit zu lenken hatten. Auch der Handwerker, der den Stein herstellte, vergaß selten, seinen Namen mit zu nennen.

Die Interpretation von Runensteinen wird besonders erschwert durch die Tatsache, daß das Alphabet von 16 Runen, das die Wikinger benutzten, nicht ausreicht, um alle Laute des Altnordischen zu erfassen. Die einzelne Rune mußte somit für mehrere Laute herhalten, und da man keine einheitliche Schreibweise hatte, sondern lautmalerisch schrieb, finden sich für das gleiche Wort eine Vielzahl von Darstellungen in Runen, oftmals noch durch den lokalen Dialekt beeinflußt. Zu allem Übel zog man auch noch aufeinanderfolgende Konsonanten zu einem zusammen, hörte ein Wort mit einem „N" auf und das nächste begann mit einem „N", steht in der Inschrift für beide nicht selten nur einmal die entsprechende Rune. Daher kommt es vor, daß die Übersetzungen verschiedener Experten nicht nur leichte Unterschiede im Wortlaut zeigen, sondern völlig verschiedene Inhalte, ohne daß man sagen könnte, daß eine davon definitiv falsch sei. Noch dazu wurden die Runen häufig nicht einfach in Zeilen gesetzt, sondern in eine Bilddarstellung integriert, beliebt waren hier Schlangen und Drachen, auf deren gewundenem Körper die Runen eingemeißelt waren. Hatte sich der Künstler dann mit der Länge des Textes verschätzt, wurden die restlichen Runen irgendwo dazwischengequetscht und für den Übersetzer ist das Chaos perfekt. Die Runensteine zeigen uns auch, daß die Wikinger trotz ihrer auf mündliche Überlieferung aufgebauten Kultur keineswegs Analphabeten waren.

Das Thing

Das Thing war die Grundlage für die Demokratien, die zu Beginn der Wikingerzeit in ganz Skandinavien herrschten. Es fand im Regelfalle jährlich statt und war die zentrale Instanz für Verwaltung und Rechtsprechung in der Region. Jeder freie Mann konnte auf dem Thing von seinem Stimmrecht Gebrauch machen. Auf dem Thing wurden die wichtigen öffentlichen Angelegenheiten beraten, Gesetze beschlossen und Gericht gehalten. Über dem regionalen Thing gab es eine übergeordnete Versammlung, die Streitigkeiten zwischen den einzelnen Thingbezirken regelte. Dies setzte sich pyramidenartig bis hin zum Herrscher als oberster Instanz fort. In Island gab es das Allthing, welches in Thingvellir an 14 Tagen im Sommer stattfand. Das Thing war hier aber neben seinen verwalterischen und gesetzgeberischen Aufgaben auch ein Markt und Versammlungsort für das Volk . Die Versammlung fand im wesentlichen unter den 36 isländischen Häuptlingen statt, die sich unter Leitung des auf drei Jahre gewählten Gesetzessprechers, der seinen Platz auf dem Gesetzesstein oder -berg hatte, berieten und Recht sprachen. Zu letzterem teilte jeder Häuptling einen Richter ein, bei dem es sich um einen anerkannt weisen Mann handelte. Ein Rechtsspruch, der in den Anfangszeiten einstimmig ergehen mußte, war verbindlich. Wer ihn mißachtete, wurde friedlos, das heißt, der Betroffene hatte keine Rechte mehr und durfte straflos getötet werden. Allein diese Androhung reichte, um die Thingbeschlüsse durchzusetzen. War der Spruch erst einmal ergangen, konnte die geschädigte Partei Ersatz verlangen, den sie allerdings selbst eintreiben mußte. Auch Zweikämpfe aus Rache- oder Ehrgründen, sogenannte Holmengänge, konnten gefordert und vorm Thing ausgetragen werden. Die Rechtsprechung der Wikinger unterschied sich deutlich von der mitteleuropäischen des gleichen Zeitraums, im Vordergrund stand nicht die Rache, sondern die Entschädigung. Ein Totschlag konnte durch die Zahlung eines Blutgeldes aus der Welt geschafft werden, dessen Höhe vom Thing festgelegt wurde. Es war für die Familie des Ermordeten nicht ehrenrührig, dieses Geld anzunehmen. Zur Blutrache kam es nur, wenn der Täter das Geld nicht aufbringen konnte oder die Umstände der Tat das Akzeptieren einer Entschädigung unmöglich machten, zum Beispiel das Opfer hinterrücks ermordet worden war. Den Sklaven eines anderen zu töten, war Sachbeschädigung und der Täter hatte den Wert des Sklaven zu ersetzen.

Eine öffentliche Bekanntmachung ist nur dann sinnvoll, wenn sie auch verstanden wird, wer also einen Runenstein aufstellen ließ, wird davon ausgegangen sein, daß ein nennenswerter Teil der Vorübergehenden diesen auch zu lesen verstand und die anderen jemanden finden würden, der ihn vorlas. Allerdings sind Steine und Holzstäbe - die Medien, die zur Verbreitung von Runen genutzt wurden - wenig geeignet für Geschichtsschreibung, und Heldenlieder entsprachen da auch wohl mehr dem Charakter der Wikinger als das „Ohne Zorn und Eifer“ des Tacitus.

(Rechts) Runensteine wurden von Wikingern in ganz Nordeuropa als Mittel zur Weitergabe von Nachrichten verwendet. Nachdem die Runen in die Unterlage aus Stein eingemeißelt waren, färbte man die Schrift ein, damit sie besser lesbar war. Machmal bekamen dabei die Wörter unterschiedliche Farben, damit sie sich voneinander abhoben. Man fand aber auch auf einem Marmorlöwen, der früher im griechischen Hafen Piräus bei Athen stand, eine Runeninschrift als eine Art Graffiti. Das leider völlig verwitterte, zweireihige Runenband wurde vermutlich von Wikingern hier eingeschlagen, die als Söldner für Byzanz kämpften.

Namensgebung bei den Wikingern

Das Namenssystem der Wikinger ist relativ einfach zu verstehen. Ein neugeborenes Kind bekam von seinen Eltern einen Vornamen, hatte der Vater das Kind bei diesem Namen genannt und auf dem Knie gehabt, so hatte er es offiziell als sein Kind und als Familienmitglied anerkannt. Ein zweiter Bestandteil des Namens ergab sich aus dem Namen des Vaters, Harald, der Sohn von Olaf, war eben Harald Olafsson. Anders als auf dem europaischen Festland erhielten die meisten Wikinger im Laufe ihres Lebens noch einen mehr oder weniger schmeichelhaften Beinamen, der als ein vollwertiger Name, ähnlich unseren heutigen Nachnamen, gewertet werden kann und zur Unterscheidung diente. Im skandinavischen Raum kamen so nicht nur „Prominente“ wie z. B. Karl der Große zu klangvollen Beinamen. Harald Sigurdssons mag es viele gegeben haben, Harald Sigurdsson „der Harte“ war da schon eindeutiger. Meist verdrängte dieser Beiname den Vatersnamen, so daß häufig nur noch von Harald dem Harten oder Olaf dem Heiligen die Rede ist.

Normannen

Obwohl die Wikinger, bevor sie als Plünderer kamen, Handel mit Friesland und dem Karolingerreich betrieben, begann mit dem Einfall dänischer Wikinger unter König Godfred in Friesland die über 100 Jahre dauernde Heimsuchung des europäischen Festlandes durch die Krieger aus dem Norden. 834 wurde Dorestad vernichtet, 841 Rouen und 842 Quentowic. In den Folgejahren wurden Städte entlang der Garonne und Seine durch Wikinger geplündert, unter anderem auch Paris 845. Wie zuvor in England begann auch das Frankenreich, durch die Zahlung von Danegeld unter Karl dem Kahlen den Frieden mit den Wikingern zu erkaufen. Bei der ersten von dreizehn bis 926 belegbaren Zahlungen belief es sich hierbei auf 3500 kg Silber. Doch brachten diese Zahlungen nur jeweils Ruhe für ein paar Jahre und bereits 845 wurde Hamburg, 862/63 Köln und 882 Trier durch Wikinger heimgesucht. Auch die Westküste des Frankenreiches blieb nicht unbehelligt und 835 wurde die Klosterinsel Noirmontier in der Loiremündung ausgeraubt. Über die Loire gelangten die Wikinger nach Nantes. Bis 860 waren überall Christen Opfer von Massakern, Plünderungen und Brandschatzungen, und die Wikinger eroberten und plünderten Bordeaux, Paris, Meaux, Beauvais und weitere Städte. Die Bevölkerung floh aus den heimgesuchten Teilen des Frankenreiches und der ganze fränkische Westen verödete. Mitte des 9. Jahrhunderts überließ der Sohn Karls

(Links) Die meisten Informationen über die frühe normannische Zeit bezieht man heutzutage aus dem Teppich von Bayeux, der die Eroberung Englands durch Wilhelm den Eroberer 1066 zum Thema hat. Die normannischen Ritter sind hier größtenteils stark gepanzert dargestellt und tragen alle den im 11. Jahrhundert aufkommenden Langschild. Ihre Rüstung besteht aus Helmen, Kettenhauben und Kettenhemden. Im 11. Jahrhundert waren die Kettenhemden knielang oder sogar länger und hatten auch lange Ärmel. Vom Schritt an nach unten waren sie geschlitzt und zum Schutz der Unterschenkel werden von Kriegern auf einigen Bildern Kettenstrümpfe getragen.

(Unten) Die Krieger dieser Schlachtreihe zeigen gut, daß im normannischen Heer, im Gegensatz zu den früheren Jahren, Kettenhemden in großer Zahl vorhanden waren. Es ist anzunehmen, daß Wilhelm der Eroberer Teile seines Heeres sogar mit diesem wohl teuersten Ausrüstungsgegenstand ausstattete. Zwar trägt ein Teil der Reenactors noch kurze Kettenhemden, der zweite und dritte von links jedoch sind schon mit den langen, geschlitzten Panzern ausgestattet. Bei den getragenen Helmen handelt es sich um eine Palette verschiedener Spangenhelme, die alle über ein Nasal verfügen. Jeder normannische Krieger führt ein Schwert. Auch auf dem Teppich von Bayeux sind die meisten normannischen Krieger mit Schwertern und Speeren oder Lanzen bewaffnet, während Äxte und Saxe in der Minderheit sind

des Kahlen die Insel Walchern in Friesland den Dänen und erkaufte sich damit den Schutz vor weiteren Wikingerübergriffen. In Folge der Entwicklung Land gegen Schutz erhielt Rollo, der Anführer eines Wikingerheeres, welches zuvor in Frankreich geplündert hatte, den Landstrich zwischen den Flüssen Bresle, Epte, Avre und Dives von Karl III (besser bekannt als der Einfältige), dem König der Westfranken. Als Gegenleistung mußte Rollo Militärhilfe leisten und sich dem König unterwerfen. Rollo trat zum Dank noch zum christlichen Glauben über und die Normandie fungierte nun als Pufferzone und schützte das Frankenreich gegen weitere Übergriffe seitens anderer Wikinger. 924 wurden weitere Gebiete an Rollo abgetreten, und sein Sohn Wilhelm I bekam 933 Contentin und Avranchin.

Die neuen Siedler, welche aus Skandinavien kamen, wurden nun durch die gallo-romanische Bevölkerung, die die germanisch-fränkische Kultur ihrer Herren übernommen hatte, aufgesogen. Dies vollzog sich in der Region um Rouen im Herzen des Landes schneller als an

(Links) Obwohl man den Normannen eine Vielzahl von Helmtypen zuordnen kann, ist für die Zeit der Eroberung Englands sowie der Errichtung des normannischen Reiches der Spangenhelm mit Nasal das verbreitetste Modell. Dies läßt sich auch auf einer Vielzahl von Darstellungen erkennen. An den hier getragenen Spangenhelm ist eine geschlossene Kettenhaube angearbeitet, die nur noch das Gesicht freiläßt, welches durch das massive Nasal vor Schlägen geschützt wird.

Hastings 1066

Am 28. September 1066 landete Wilhelm der Eroberer mit einer Invasionsflotte bei Pevensey in Südengland. Er hatte Bogenschützen, Infanterie und sogar Kavallerie über den Kanal gebracht. Die Nachricht von der Landung erreichte den damaligen König von England, Harold Godwinson, kurz nach dem Sieg bei Stamford Bridge im Norden, wo er eine plündernde Wikingerarmee zurückgeschlagen hatte. Innerhalb von 14 Tagen marschierte Harold mit seinen Kriegern nach Süden, um seinen Thron zu verteidigen. Am Abend des 13. Oktober lagerte er auf Caldbec Hill außerhalb von Hastings und am 14. Oktober stießen die beiden Heere am Ort der heutigen Battle Abbey zusammen. Harolds Armee bestand, wie zur damaligen Zeit im angelsächsischen England üblich, aus Harolds etwa 500 Mann starker Leibgarde als Elitetruppe und ansonsten aus dem Fyrd, dem angelsächsischen Aufgebot, dem jeder freie Mann dienstverpflichtet war. Die Gesamtstärke des Fyrd betrug ca. 7200 Mann. Wilhelm hingegen rückte mit einer Streitmacht aus 4000 professionellen normannischen Kämpfern an, unterstützt von 1500 Mann bretonischen und 2000 Mann flämischen Hilfstruppen. Teile von Wilhelms Truppen waren beritten, und Harold versuchte diesen Vorteil Wilhelms auszugleichen, indem er ihn zwang, hangauf anzugreifen. Im Gegensatz zu Wilhelm, der sich inmitten seiner Krieger postiert hatte, nahm Harold seinen Platz hinter der Schlachtreihe inmitten seiner Leibgarde ein. Harold hatte die traditionelle Schlachtordnung, den Schildwall gewählt, der hier mehrere Reihen tief war, Wilhelm hingegen stellte drei Blöcke auf, die Normannen zentral mit den Bretonen zur linken und den Flamen zur Rechten. Das erste Zusammentreffen der Armeen fand am frühen Vormittag statt und die Bretonen wurden vom angelsächsischen Fyrd zurückgedrängt. Der normannischen Kavallerie gelang es aber, mit einem Flankenangriff die nachsetzenden Angelsachsen von ihrer Hauptstreitmacht zu trennen, und die Angelsachsen wurden vollständig aufgerieben. Trotzdem war Wilhelms linke Flanke nach diesem Angriff in einem desolaten Zustand und Wilhelm brauchte bis Mittags, um die Truppen wieder zu ordnen. Am Mittag wiederholte sich das Bild, wieder mußten die Normannen zurückweichen, wobei ein junger Krieger Wilhelms Pferd zu Fall brachte, und wieder wurden nachsetzende Angelsachsen von der normannischen Kavallerie durch einen Flankenangriff in Grund und Boden gestampft. Auch ein dritter Angriff am Nachmittag, bei dem Wilhelm erneut das Pferd verlor, brachte keine Entscheidung, allerdings waren die angelsächsischen Truppen mittlerweile stark geschwächt. Die Entscheidung fiel am späten Nachmittag beim vierten Angriff, als Wilhelm einen direkten Angriff auf Harolds Banner, sprich auf Harold, befahl. Dieser war erfolgreich, ein Pfeil traf Harold Godwinson und obwohl er von seiner Leibgarde vermutlich lebend aus der Schlacht gebracht wurde, starb er noch am Schlachtfeld. Heute steht an dieser Stelle der Altar der Battle Abbey, die in seinem Angedenken errichtet wurde. Während Harold im Sterben lag, tötete ein normannischer Stoßtrupp seinen Bannerträger und das Fallen der Standarte verkündete den Tod des Königs. Dies war auch für seine Armee der Todesstoß, für das Fyrd endete hiermit offiziell die Dienstpflicht und die Kämpfer flohen in hellen Scharen. Wilhelms Krieger verfolgten die Flüchtenden, wurden aber mit hereinbrechender Dunkelheit von Wilhelm zurückbefohlen, nachdem ein Suchtrupp von einer Gruppe versprengter Angelsachsen angegriffen und vernichtet worden war. Am 25. Dezember wurde Wilhelm der Eroberer in London zum König von England gekrönt, doch es sollte noch Jahre dauern, bis er sein neues Reich wirklich beherrschte.

der Küste und die beiden Regionen lebten nicht gerade friedlich miteinander, bis 1047 bei Val-és-Dunes eine Revolte von Fürsten der Küstenregion durch Herzog Wilhelm II und den König von Frankreich, Henry I, niedergeschlagen wurde und die Normandie durch Wilhelm II geeint wurde. Wilhelm II gelang es, nicht zuletzt durch eine verstärkte Präsenz in Caen, die Fürsten der Küstenregionen enger an sich zu binden. 1054 und 1057 versuchte König Henry I, die für seine Begriffe zu stark gewordene Normandie einzunehmen, wobei er in Mortemer und Varaville geschlagen wurde und damit die Position Wilhelms weiter stärkte. Mit dem Tod des englischen Königs Edward begann nun die Ausdehnung des Normannenreiches auf ganz Europa. Da Wilhelm ein naher Verwandter des verstorbenen Königs war, dieser ihm während seines Exils in der Normandie die Thronfolge versprochen hatte und außerdem die Verhältnisse mit den Nachbarn zu Zeit sehr ruhig waren, machte Wilhelm seine Ansprüche auf die englische Krone mit Waffengewalt geltend, indem er am 28. September 1066 mit einer Streitmacht an der Südküste Englands landete und am 14. Oktober in der Schlacht bei Hastings Harold Godwinsons Armee vernichtete. Harold starb noch auf dem Schlachtfeld und bereits am 25. Dezember wurde Wilhelm in der Westminster Abbey von London zum König gekrönt. Allerdings dauerte es noch bis 1070, bis auch die letzte Gegenwehr gebrochen war. Infolge dieser Ereignisse dehnte sich das normannische Reich über weite Teile Europas aus und normannische Krieger beendeten die Herrschaft Byzanz' im Mittelmeerraum und nahmen an den ersten Kreuzzügen teil. Allerdings wurden auch die Streitigkeiten unter den verschiedenen Nachfahren Wilhelms immer größer. Doch zu dieser Zeit kann hier nicht mehr von Wikingern, sondern nur noch von ihren Nachfahren gesprochen werden.

(Oben) An diesem normannischen Ritter sieht man deutlich, daß unter dem Kettenhemd ein Polsterwams getragen wurde. Dieses war unbedingt nötig, denn das Kettenhemd an sich schützte den Träger nur vor Schnitten, nicht vor der Wucht der Schläge. An seinem Gürtel trägt der Krieger Gegenstände des täglichen Gebrauchs wie einen Lederbeutel, Löffel, Messer und Münztasche.

(Links) Wenn Kettenhemden nicht von den normannischen Rittern getragen wurden, transportierten deren Untergebene sie, indem sie sie auf einem Holzstab oder einer Lanze auf den Schultern trugen. Gut zu erkennen ist an diesem Kettenhemd der Schlitz sowie ein zusätzlich angebrachtes Quadrat aus Kettengewebe, welches hochgeschlagen wurde, um das Gesicht zu schützen. Auf einem Teil des Teppichs von Bayeux, auf dem sich Wilhelms Eroberungsarmee auf dem Weg zu den Schiffen befindet, wird diese Transportmethode dargestellt. Neben den Kettenhemden werden von den Trägern auch die Helme, Waffen sowie Teile der persönlichen Ausrüstung der Ritter transportiert.

(Oben, links) Der Lang- oder Drachenschild, der im 11. Jahrhundert entwickelt wurde und den Rundschild nach und nach ablöste, schützte, wie auf diesem Bild gut zu erkennen, die gesamte Vorderseite seines Trägers. Der Schild wurde aus Planken zusammengeleimt und wahrscheinlich mit Leder überzogen, wodurch ein Splittern des Holzes vermieden wurde. Die Kante wurde vermutlich zusätzlich noch mit einem Leder- oder Metallstreifen eingefaßt. Die Schilde verfügten über eine leichte Wölbung, was ihnen einen noch größeren Schutzeffekt verlieh. Von zeitgenössischen Abbildungen sind sowohl Modelle mit Stahlbuckeln als auch solche ohne bekannt. Die hier abgebildeten Schildmotive sind dem Teppich von Bayeux entlehnt und zeigen neben dem christlichen Symbol des Kreuzes Drachen, Greifen und Blumenornamente.

(Oben, rechts) Innen verfügte der Langschild nicht wie die Rundschilde der Wikinger über einen einfachen Griff sondern über eine Reihe von Lederriemen, die zum Tragen und Heben des Schildes verschieden gegriffen werden konnten. Das Schildgewicht konnte hierbei über einen Lederriemen auf die Schulter verlagert werden. Obwohl es wahrscheinlich ist, daß der Schild während des Kampfes senkrecht gehalten wurde, um seine große Schutzwirkung auszunutzen, zeigen Abbildungen auch horizontale Trageweisen. Aus dem 11. Jahrhundert sind keine Schilde dieser Form erhalten, so daß die Rekonstruktionen sich auf Schilde aus dem 13. Jahrhundert und zeitgenössische Darstellungen stützen. Zum Erhöhen des Tragekomforts ist auf der Innenseite des Schildes unter den Riemengriffen eine Polsterung angebracht.

(Oben und rechts) Die drei Bilder zeigen das Anlegen der für die Normannen typischen Rüstung im Kopfbereich. Als erstes wurde eine gepolsterte Haube angelegt, die wie hier abgebildet aus dickem Wollstoff, aber auch aus Leder oder Leinen bestehen konnte. Ihre Funktion entsprach der des Polsterwamses unter dem Kettenhemd. Außerdem schützte sie davor, daß sich Haare im Kettengewebe verfingen. Anschließend wurde die Kettenhaube, die bei vielen Kettenhemden direkt angearbeitet war, über den Kopf gezogen. Die noch freibleibende Gesichtsfläche wurde nun mit einem rechteckigen Latz aus Kettengewebe abgedeckt, der am Kettenhemd vor der Brust angebracht war und hochgeklappt wurde. Am oberen Rand des Latzes waren Lederbänder angearbeitet, die an der Seite der Kettenhaube festgebunden wurden. Als Letztes setzte der Krieger seinen Helm auf, bei dem es sich hier um den in Europa weit verbreiteten Spangenhelm handelt. Das Nasal des Helmes schützte nun die noch verbleibende Gesichtspartie vor Treffern des Gegners.

(Links) Auf diesem Bild läßt sich nochmals der Schildgriff erkennen, der hier allerdings von dem vorher gezeigten abweicht, was aber durchaus realistisch ist. Die Schwerter der Normannen waren länger als die ihrer Vorväter, der Wikinger, was nicht zuletzt darauf zurückzuführen ist, daß die Normannen auch Kavallerie einsetzten und so das Schwert eine größere Reichweite haben mußte. Weitere Veränderungen stellten die nun deutlich ausgeprägten Parierstangen dar. Der Knauf der normannischen Schwerter war oftmals rund, dreieckig oder halbkreisförmig. Er wurde, genauso wie die Parierstange, auf die Angel aufgesteckt und mit dieser verschmiedet.

Normannischer Ritter

Sowohl bei Val-és-Dunes 1047 als auch bei Hastings 1066 setzten die Normannen mit Erfolg ihre Ritter als Kavallerie ein. Bei den Normannen ist es durchaus möglich, die Krieger als Ritter zu bezeichnen, da sie in einem christlichen Feudalsystem lebten. Jeder normannische Krieger übte während seiner Ausbildung und danach bei der Jagd zu Pferd in unwegsamem Gelände, was er in der Schlacht, bei der gleichzeitig Pferd und Waffe geführt werden mußten, an Fertigkeiten benötigte. Nachkommen normannischer Ritter wurden vermutlich vom frühen Kindesalter im Reiten und in Waffentechniken ausgebildet und begannen mit ihrem 12. Lebensjahr eine Art Knappendienst. Etwa im Alter von 21 Jahren wurde der junge Mann zum Ritter geschlagen, galt aber noch solange als Jugendlicher, bis er verheiratet war und sich irgendwo niedergelassen hatte. Es waren diese unverheirateten jungen Männer, die die Armee bildeten oder sich als Söldner verdingten und in Scharen 1066 mit Wilhelm gegen England zogen.

Die Kavallerie wurde wahrscheinlich in Gruppen von 25 bis 50 Mann eingesetzt und im Frühmittelalter agierten diese Gruppen eher unkoordiniert. Die einzelnen Krieger führten ihre Lanzen in eigener Regie, während es in späteren Jahrhunderten durchaus üblich war, in Formationen mit eingelegter Lanze anzugreifen. Um zu verhindern, daß die Reiter während der Schlacht feindlichen Bogenschützen zum Opfer fiel, wurde sie bevorzugt zu Angriffen in die gegnerische Flanke verwendet. Trotzdem wurde gerade die ungepanzerten Pferde oftmals das Opfer gegnerischer Fernwaffen. Neben Flankenangriffen war ein weiter Auftrag der Kavallerie, bei Schlachten Durchbrüche der eigenen Infanterie auszuweiten und in der Tiefe des gegnerischen Heeres für Chaos zu sorgen. Ein Pferd ist nur schwer dazu zu bewegen, auf einen festen Schildwall einzudringen, aber seine Herdeninstinkte lassen es schnell die Verfolgung Fliehender aufnehmen, mit denen es einfach mitlaufen will. So nutzte man die Kavallerie auch dazu, fliehende gegnerische Truppen zu zerstreuen. Die Reiter brauchten hierbei mit ihren Schwertern nur rechts und links vom Pferd herunterzuschlagen, um mörderischen Erfolg zu haben. Außerdem wurden sie zur Aufklärung sowie zur Requisition von Versorgungsgütern eingesetzt.

Die Ausbildung und Unterhaltung von geeigneten Pferden war sehr teuer und somit verfügte man in der Regel über zu wenig Kavallerie. Demzufolge wurde die Reiterei hinter den eigenen Fußtruppen bereitgehalten und erst dann eingesetzt, wenn sich ihre Wirkung voll entfalten konnte.

(Links) Der Reiter ähnelte in Bekleidung und Rüstung vermutlich allen anderen Kriegern. Seine Hauptwaffen waren Lanze und Schwert. Im Kampf lenkte er sein Pferd einhändig sowie durch Schenkeldruck und Sporen. Die Pferde waren im Frühmittelalter noch nicht gepanzert und stellten dadurch die verwundbarste Stelle des Berittenen dar. Die Detailaufnahme läßt gut den Steigbügel mit dem Lanzenschuh zum Einstecken der Lanze sowie die zur damaligen Zeit gängigen Sporen erkennen.

(Oben) Die Rückansicht des Kavalleristen läßt gut die Notwendigkeit des im Schritt geschlitzten Kettenhemdes erkennen, da dieses nun auch so fällt, daß es die Oberschenkel schützt. Die am Helm befindliche Nackenschiene ist mehrfach auf dem Teppich von Bayeux zu erkennen.

(Unten) Dieser Spangenhelm hat keinen Stirnreif. Die Nieten entlang der unteren Helmkante halten das Innenfutter, das vermutlich aus Leder bestand. An den Seiten verfügt der Helm über zusätzliche Wangenklappen. Helme in dieser Kombination wurden zwar nicht gefunden, alle Elemente jedoch sind einzeln belegbar.

Quellen

Ausstellungskataloge:
Wikingermuseum Haithabu: Schaufenster einer frühen Stadt
Hildegard Elsner
2. Auflage, Schleswig, 1994
Wikinger, Waräger, Normannen
Museum für Vor- und Frühgeschichte Berlin
Berlin, 1992

Andere:
The Anglian Helmet from Coppergate
Dominic Tweddle
London, 1992
Viking Scotland
Anna Ritchie
London, 1993
Regia Anglorum, Member's Handbook
Ben Levick et al.
o.O., 1992
Wikinger
John D. Clare
Nürnberg, 1991
Wikinger
Susan M. Margeson/Peter Anderson
Hildesheim, 1994
Das Leben der Wikinger
James Graham Campbell
München, 1993
Chronicles of the Vikings
R. I. Page
London, 1995
Die Wikinger
Eltville, 1992
Die Wikinger
Burkhard-Verlag Ernst Heyer
3. Auflage, Essen, 1992
Osprey Military , Warrior Serie:
Band 1: Norman Knight
Christopher Gravett/Christa Hook
London, 1993
Band 3: Viking Hersir
Mark Harrison/Gerry Embleton
London, 1993
Osprey Military, Elite Serie:
Band 3: The Vikings
Ian Heith/Angus McBride
London, 1985
Band 9: The Normans
David Nicolle/Angus McBride
London, 1987
Osprey Military, Campaign Serie:
Band 13: Hastings 1066
Christopher Gravett
London, 1992
Osprey Military, Men at Arms Serie:
Band 89: Byzantine Armies
Ian Heath/Angus McBride
London, 1979